讲一个动物故事
学一个成语典故

——童话成语——

（上册）

张志荣 主编

人民出版社

讲 一个动物故事
学一个成语典故——童话成语

写给小·朋友和大朋友们的话

亲爱的小朋友们，"六一"儿童节到了。在你们最高兴的日子里，很多小朋友得到了爸爸妈妈和爷爷奶奶的礼物。我也想在这个时候送给你们一份礼物，这就是《讲一个动物故事　学一个成语典故——童话成语》。

常言道，十年树木百年树人。小朋友们，今天，你们是祖国的花朵；明天，你们是国家的栋梁。要成为未来的栋梁，你们今天就要好好学习。要学习的东西很多，有许多东西是需要从小就学习的，其中也有成语典故。

小朋友都喜欢动物，热爱大自然，而成语典故中有许许多多关于动物的故事。通过这些成语故事，小朋友们可以学习如何做人做事的道理；学习团结友爱、互相帮助的精神；掌握如何明辨是非的方法；培养热爱动物、热爱大自然的情操。所以，我十分精心地为小朋友们编写了这本童话成语故事，是想让这些成语故事把你们带入神奇美妙的动物天地，使你们从中得到快乐，并且学习到祖国的传统文化——成语典故。

成语典故是祖国文化的一座宝库。它博大精深、数量众多，以简约精要、相对固定的语言形式，蕴含了非常丰富的内容和哲理，把警句式的语言与深刻的道理联系起来。一个人从小学习成语典故，可以终生受益，而且早学习早受益。

为了配合小朋友们阅读学习童话成语，引起兴趣，本书特意制作了精美的彩色插图。这些插图采用了小朋友们喜欢的绘画形式和淡雅色彩。另外还为那些学习过和开始学习汉语拼音的小朋友标注了汉语拼音，不仅有助于小朋友们借助汉语拼音学习那些难认、难读、容易读错音的汉字，而且小朋友还可以进一步了解和掌握一些特殊的汉语拼音组合方式、注音方法。

希望小朋友们喜欢我这个成人朋友送给你们的这份节日礼物。

最后，祝小朋友们节日快乐，健康成长。

张志荣　于"六一"儿童节

引 子

　　白胡子老爷爷来到幼儿园，小朋友们"呼啦啦"一下子都围了上来。"老爷爷好！""老爷爷给我们讲个故事吧！"

　　老爷爷理了理雪白的胡子，呵呵一笑，说："好、好、好。你们愿意听什么样的故事呀？"

　　"听动物故事！"小朋友们异口同声地回答。

　　老爷爷说："这样吧，我给你们讲一些成语中的动物故事，既可以听故事，又能学会使用成语，好不好呀？"

　　"不好！我才不学成语呢，学成语会挨骂的！"胖胖说。

　　旦旦也说："是呀，学不好成语，爸爸妈妈又要打我了。"

　　"这是为什么呀？"老爷爷不解地问。

　　胖胖说："有一天，我不小心打碎了一个碗，妈妈骂我，爸爸也骂我。我生气地说，你们真是'狼狈为奸'呀，结果，他们气得要打我。"

旦旦说："可不是嘛！那天，我过生日，见全家人都围在桌子旁，我说，你们这是'猫祝鼠寿'呀，爸爸一听，气得伸开了巴掌，要不是奶奶劝阻，非挨打不可。"

老爷爷一听，憋不住笑了。他说："这不是因为学成语才挨打，而是你们把成语用错了。成语要是用对了，可以'画龙点睛'；用错了，就会'弄巧成拙'。不过，爸爸、妈妈做得也不对，小孩子不懂事，用错了成语可以原谅，不能动不动就伸巴掌呀！我给你们讲成语中的动物故事，就是要让你们正确使用成语呀！你们说，好不好？"

"好！"孩子们拍着手跳了起来。

老爷爷说："来、来、来，大家都坐好。我讲一个故事，你们听明白了意思，咱们就造一个句子，这样，我保证你们以后再使用成语时，谁都不会挨打了。现在我就开始讲了。"

老爷爷绘声绘色地讲了起来……

目录

按图索(suǒ)骥(jì)

　　很久很久以前，有位白胡子老爷爷，名叫伯乐。伯乐老爷爷是个很有名气的相马专家，也就是挑选马的专家。无论白马还是黑马，是大马还是小马，只要叫伯乐老爷爷看一看，就知道它是好马还是不好的马。许多人为了能买到一匹好马，都请伯乐老爷爷去相马。他替别人相了一辈子的马，积累了好多好多经验，把这些经验集中起来写成一本书，取名叫《相马经》。这本书里记载了各种好马的特点。只要按照书本上写的去相马，不用请伯乐老爷爷，也照样能相中一匹好马。

　　伯乐老爷爷很聪明，但他有个儿子却很笨，无论怎样教，也学不会相马，抱着他父亲的《相马经》看了一年又一年，好不容易记住了书本上的一句话："良马必须额头突出，蹄(tí)子大而端正。"他想："这还不容易吗？明天，我一定按照这个特点相一匹好马回来，看我爸爸还说我笨不笨！"

第二天早晨，他刚吃完饭就出去了。走到半路上，看见一只大蛤蟆(há·mo)，心想，"咦，这不就是书本上说的好马吗？你看它的额头多突出，再瞧它的脚也不小呀！对啦，肯定是一匹好马！"于

是，他高兴地把这只蛤蟆提起来就往家里跑，一进家门大声喊着："爸爸，爸爸，你快来看呀，我找到一匹好马啦，跟你书本上说的一模一样，就是它的蹄子不太像。"伯乐老爷爷一看儿子手中提的是只"癞(lài)蛤蟆"，知道儿子非常愚笨，是教不会相马的，既没骂他，也没打他，只是苦笑着说："你的好马不会跑，只能跳，无法骑啊！"

按图索骥：索：寻找；骥：好马。照图上画的去寻找好马。这个成语原来比喻办事不动脑筋，拘泥于教条，现指按照线索去寻找。

今天，鹏鹏过生日，妈妈下班后，特意给他炒了四个好菜，把鹏鹏乐得又唱又跳。

菜炒好了，鹏鹏说："妈妈，把我的好朋友宝宝叫来一块儿吃吧！"妈妈说："好啊，快去叫吧！"

一会儿，鹏鹏就把宝宝叫来了。刚要吃饭时，鹏鹏说："妈妈，有这样的好菜，让我们喝杯香槟酒吧！"妈妈说："小孩子不能喝酒。这样吧，我给你们每人倒一杯矿泉水代替酒。""好啊！"两个小家伙高兴得直拍手。

矿泉水倒上了，宝宝在喝时，把他吓了一跳，只见杯子中有条小蛇弯弯勾勾的，跟活的一样。水中咋会有蛇呢？正在考虑喝不喝这杯水时，鹏鹏已端起了酒杯催着说："来，好朋友，咱们干杯！"宝宝无法推辞，只好拿起酒杯，两眼一闭，就把一杯水喝下去了。一喝下去，他就觉得肚子里有条小蛇在爬，饭也不吃了，吓得跑回家就病了。

鹏鹏知道这件事后，又把宝宝请到家里来，还在原来的地方吃

饭，仍然给他倒了一杯矿泉水，果然，杯子里有条小蛇在摇晃。怪了，杯子里是不会有蛇的呀！鹏鹏抬头一看，爸爸给他制作的弓挂在墙上，说不定杯中的蛇就是弓影作怪哩。他搬来了凳子，把墙上的弓取了下来，杯中的蛇也就不见了。宝宝明白了杯子里有蛇的真相后，高兴得搂着鹏鹏的脖子直转圈圈，他的肚子一点儿也不疼了。

杯弓蛇影：比喻把虚幻误作真实，形容人神经过敏。

[例句] 杰杰的玩具手枪找不见了，他对妈妈说："刚才丫丫来咱家玩，说不定是她给拿走了。"妈妈说："别杯弓蛇影地乱猜疑了，我把手枪给你放在抽屉里啦！"

笨 (bèn) 鸟先飞

大雁对麻雀说："麻雀老弟，咱们明天到北海边上去玩玩吧？"麻雀爽快地说："好啊，大雁哥。"

大雁又说："不过，得有个条件，咱们明天早上八点钟起飞，十一点钟准时赶到。如果谁不按时赶到，谁就要请客吃饭啊，怎么样？"麻雀犹豫了半天，最后才下了决心说："好吧，一言为定，决不食言。"

这天晚上，麻雀有生以来第一次失眠了。它翻来覆去睡不着，心想："论体力，我不如大雁强壮；论翅膀，我不如大雁有力，同时起飞，我肯定飞不过大雁哥。怎么办呢？对啦，现在大雁正在睡大觉，我还是先起飞吧！"

麻雀悄悄地飞走了。它飞啊飞啊，飞累了，就落在树枝上歇歇，然后再飞。

大雁睡得可香了，一觉睡到七点半钟，爬起来洗了洗脸，便不慌不忙地吃早餐(cān)。一看八点钟到了，才张开翅膀飞走了。这家伙力气可大了，中途也不休息，一口气飞到了北海边，比规定时间提前了半个小时。可是，人家麻雀早在一个小时前就到了，正在海边观看轮船呢。大雁输了，只好请麻雀吃饭。

笨鸟先飞：比喻才智和能力差的人做事时，恐怕落后，比别人先动。

[例句] 娟娟说："妈呀，我不去幼儿园了，老师教我们唱歌、跳舞，人家小朋友们很快就学会了，怎么我老学不会呀？"妈妈说："笨鸟先飞，人家学一遍，你要学两遍、三遍，只要努力学习，肯定会赶上他们的。"

博士买驴

很早很早以前，有一个"博士"，要向上级申请买头毛驴骑。于是，他拿起笔来，给他的上级写了一份《关于买驴的申请报告》。这位博士自感学识不浅，无论干什么事情，都爱卖弄一下自己的学问。他趴在桌子上写呀写呀，写了密密麻麻三大张纸，才写出个"驴"字来。他把报告递上去后，心想：看看吧，上司肯定会夸奖我的文彩！领导一瞧三大张纸，懒得去看，就叫秘书念报告，秘书念了一张又一张，却始终听不到一个"驴"字。申请买"驴"的报告不见个驴字，算什么报告呢？上级大怒，命令左右把这位博士痛打了五十大板。吃过午饭后，秘书又接着念第三张，念到最后，才听到了一个"驴"字。这位上级虽然讨厌啰唆 (luō·suo)，但还是同意博士买驴，并对他说："申请买一头毛驴，用百十个字就可说清楚，何必如此啰唆呢？"

博士吓得连连点头称是，以后再也不敢啰唆了。

博士买驴：博士：古代的官名。这个成语用来讥讽文辞烦琐，不得要领。

[例句] 卫卫对他爸爸说："爸呀，你真好啊！你看，今天晚上满天星斗！明天肯定是个风和日丽的好天气，火红的太阳挂在蓝天上，照得大地暖洋洋的，春风吹绿了小草，吹绿了小树，鸟儿在空中飞、唱歌，各种各样的花儿向人们点头微笑，吐着芳香……"爸爸不耐烦地说："行了行了，要想干什么就直说吧！"卫卫说："明天带我到公园去玩吧！"爸爸说："到公园去玩当然可以了，不过，以后说话办事，可不要像博士买驴那样啰唆。"

跛鳖 (bǒbiē) 千里

北海里有一只小瘸 (qué) 腿鳖，想到南海去玩一玩。从北海到南海，足有几千里路。可是，它一点也不怕路途遥远，毅然踏上了征途。

它走在路上，碰到了小白兔。小白兔惊奇地问："哟，这不是瘸腿鳖吗？不好好地待在北海老家，跑到这里来干什么呀？"

小鳖说："老待在一个地方住烦了，我想到南海去逛 (guàng) 逛。"

小白兔说："哎呀呀，真是异想天开呀！我小白兔人称'飞毛腿'，都不敢去想这事儿，你走得很慢，又是个瘸腿，怎么能走到呢？真是个天大的笑话，快回去吧，别叫爸爸妈妈惦记你啦。"

小鳖说："世上无难事，只怕有心人。凡事抱定信心去干，就一定会成功的。"

小白兔说："我劝你还是别冒险了，风里来雨里去的，不死在半路上才怪呢！"说完，它就伤心地哭了起来。

小鳖坚定地说："即使死在路上，也比死在家里无所作为的强。小白兔不要哭了。明年的这个时候，请你在这个地方等我，我一定从南海里给你带只漂亮的大贝壳回来。"

说完，小鳖就挪动着瘸腿，一步步艰难地向前走去。

一年之后，小鳖和小白兔又见面了。当它从小鳖的手中接过贝壳时，满脸通红，不好意思地说："鳖大哥，我真佩服你呀，别人连想都不敢想的事，你却一举成功了。我一定向你学习，也要到遥远的地方去闯一闯！"

跛鳖千里：跛：瘸。这个成语的意思是，瘸腿的鳖不停地走，也能走到千里之外。比喻只要努力不懈，即使条件很差，也能取得成就。

[例句] 刚刚小时候，得了一场大病，脑子不很聪明，但他坚信"跛鳖千里"的哲理，刻苦学习，虚心求教，终于成为了一名三好学生。

不入虎穴(xué)，焉(yān)得虎子

铁蛋和石头，是两个顽皮的小男孩，今年七岁了还没上学哩。他们到动物园见小老虎长得很可爱，一心想抓只小老虎玩玩，可是到哪里去抓呢？

这一天，爸爸妈妈都上班去了，他们俩(liǎ)一商量，就拿着一根扁担和绳子上山去捉小老虎了。

他们翻过一座又一座山，来到了原始森林。转了整整一个上午，连只小老虎的影子也没见到，就愁得哭了起来。

打猎的老伯伯听到孩子的哭声，走上前来问道："小朋友，你们哭什么呀？"

铁蛋说："老伯伯，我们想捉只小老虎，可是找不到呀！"

老伯伯说："孩子，要捉小老虎，就要到老虎洞里去，你们不害怕吗？"

"老伯伯，我们一点也不害怕，求求你了，快告诉我们哪里有老虎洞吧！"

"好吧！"老伯伯用手指了指说："西面那个山的南坡上，有个老虎洞，洞里有只刚出生的小老虎，一个小时前，我看见母老虎出去了，你们快去捉吧！"

"好哩！"铁蛋和石头一听，高兴地跳了起来，拔腿就往西山跑，连跟老伯伯说声"谢谢"都忘了。

来到西山，找到了那个老虎洞。铁蛋和石头悄悄地摸了进去，一看，差一点笑出声来，小老虎正躺在草床上睡大觉呢。他们刚要动手去捉，突然，"呼呼"地刮起一阵狂风，母老虎回来啦。

铁蛋和石头吓得头发都竖了起来，急忙躲到一块大石头后面趴着。

母老虎走进洞里，这里闻闻，那里瞧瞧，然后推醒小老虎说："孩子呀，怎么洞里有股人味儿呢？你没见过有人进来吧？"

小老虎揉了揉眼睛说："妈妈可真多心呀，谁敢进咱们的洞呢？"

母老虎笑了笑说："我知道无人敢进来。不过，还是提高警惕(jǐngtì)为好。来吧，妈妈给你喂奶，待一会儿，我要到很远的地方给你抓只鸡来吃。"

小老虎吃完奶后，它的妈妈就走了。

铁蛋和石头等得不耐烦了。他们突然出现在小老虎面前，把小老虎吓得满头冒汗，大声地叫唤着："妈妈快来救我呀，妈妈快来救我呀！"可是，它妈妈已经走远了。

铁蛋和石头把小老虎捆了起来，用扁担抬回了家。

第二天早晨，天还未亮，母老虎寻着味儿来到铁蛋家门口。用嘶哑的嗓子大声地叫喊着，用尾巴和两只前爪，使劲地敲打着门，把铁蛋吓得用被子蒙着头，连气也不敢喘。铁蛋的妈妈说："快把小老虎放了吧，以后可不要再捉小老虎了！它可是国家的保护动物呀！"

铁蛋把小老虎放了。母老虎背着小老虎回山洞去了。

不入虎穴，焉得虎子：焉：怎么。不进老虎洞，怎么能捉到小老虎呢？这个成语比喻不冒危险，不经历最艰苦的实践，就不能取得重大的成就。

[例句] 三位解放军叔叔奉命去抓一个"舌头"，可是一连潜伏了三天，不见任何动静，大个子叔叔说："不入虎穴，焉得虎子，走，咱们化装成敌人，到他们军营里去抓。"

嗷 (áo) 嗷待哺

西北风呼呼地吼叫着，雪花飘飘扬扬地下着，冬天来了。满山遍野披上了银装，小朋友们都穿着滑雪衫、皮夹克，在雪地里堆雪人、打雪仗呢。

东东家门口有棵大槐树，树上有个鸟窝，三个刚出生不久的小鸟，冻得浑身打哆嗦，肚子饿得咕咕叫，

它们张着小嘴喊叫着："爸爸呀，妈妈呀，快飞回来喂宝宝吧，我们快要饿死了。"

小鸟的爸爸妈妈哪里去了呢？它们天刚亮就飞走了，到处给它们的小宝宝找吃的东西。可是，到哪里去找呢？地上铺了厚厚的一层雪，一粒粮食也见不到；河面上结了冰，树枝上都挂着冰雪，一个虫子也没有呀！它们飞了一百多里路，好不容易在一户人家的门楼里找到了几粒米，虽然它们也很饿，但想到家中嗷嗷待哺的孩子，便舍不得吃，把米粒含在嘴里，顶着风雪往回飞。连冻带饿加上劳累，它们没能飞到家，就死在半路上了。

小鸟儿仍然一声接一声地叫着它们的"爸爸妈妈"，不过，声音却一声比一声低了，最后都饿死了。

嗷嗷待哺：嗷嗷：哀鸣声；待：等待；哺：喂养。这个成语形容饥饿时急于求食的样子。

城门失火，殃(yāng)及池鱼

城门失火了，浓烟滚滚，火光冲天，正在护城河里游玩的小鱼，纷纷潜到深水里，去向他们的鱼大王报告："大王，大王，不好了，城门着火了，我们快搬家吧！"

鱼大王双眼一瞪说："慌张什么，城门失火与咱们有什么关系？它着它的火，你们还是去玩你们的！"

小金鱼鼓足了勇气，走上前说："大王啊，不可不防啊，城门离咱们的护城河很近啊！"

大王生气地说："我喝的河水比你见的都多，你懂什么呀！就是把全城都烧成了灰，也烧不到咱们头上，谁见过水能着火的？真是笑话！不准多嘴多舌的，快去玩儿吧！"

小鱼们听了大王的话，不再害怕了，又成群结队地在水面上游玩起来。

"快来救火呀，快来救火呀！"随着一声声呼喊，全城的男女老少都端着脸盆、拿着水桶，到护城河里提水灭火。

一会儿工夫，护城河里的水被提干了，大火也被浇灭了。可是，鱼儿离开了水，再也游不动了。临死前，鱼大王流着眼泪对小鱼们说："孩子们啊，是我害了你们呀！我错误地认为：城门失火，与咱们无关。其实，这可是关系到咱们生命的大事呀！失火，就要用水灭，离开了水，我们就无法活，唉，我老糊涂了，这么简单的道理，我怎么不明白呢？当初，听听你们的意见多好呀！"小鱼们说："大王，别难过了，事到如今，说什么也晚了。"

护城河里的鱼全部干死了，灭火的人们都端着脸盆、拿着水桶来捡鱼，回家美美地吃了一顿。

城门失火，殃及池鱼：殃：灾祸；池：护城河。这个成语比喻无缘无故地受牵连。这个故事告诉人们：没有直接联系的事物之间，也可能存在某种间接联系，如果一方出了问题，另一方也可能遭殃。鱼和火本无关，但有了水这个环节，就有关系了。

[例句] 强强在家里玩火，不小心把自家的房子点着了，城门失火，殃及池鱼，很快也把邻居的房子烧着了。

初生牛犊(dú)不怕虎

　　老牛领着一头出生不久的小牛，到山坡上去吃草。那山坡上的草可肥了，嫩嫩的、绿绿的，老牛和小牛吃得可香了。

　　突然，有人大喊："老虎来了，老虎来了！"老牛一听，吓得拔腿就往家里跑，小牛好像没听见一样，仍然低着头在那里吃草。

　　老虎来到了小牛跟前，龇牙咧嘴地大吼一声；小牛抬起头来，也朝着老虎"哞哞哞"地叫了三声，声音比老虎的大多了。

　　老虎瞪起灯泡似的眼睛，目光逼人；小牛瞪着铃铛般的大眼睛，把老虎吓得倒退三步。

　　老虎纳闷儿了："这家伙可能不是牛，如果是牛的话，怎么见了我这山大王，一点也不害怕呀？"

　　小牛眨了眨眼睛，心里也在琢磨："这个穿花杠杠衣服的家伙，是个什么东西呢？个子长得没有我高，样子倒挺凶狠的，我才不怕你哩！"它对老虎连看也不看，依旧在那里低头吃草。

"对了，这肯定是上帝又给地球派来了一种新动物，说不定还真比我厉害呢，咱可不敢轻易惹它。"想到这里，老虎夹着尾巴逃跑了。

小牛吃饱了，又到河边喝足了水，慢腾腾地往家中走去。

来到家门口，小牛听到老牛在家中号啕大哭，急忙走上前去说："妈妈，你哭什么呀？"

老牛一看自己的孩子回来了，惊喜地问："怎么，老虎没吃你吗？"

小牛毫不在乎地说："我不管它是老五（虎）还是老四的，我一点也不怕它。"

老牛想了想说："哦，我明白了，你不认识老虎，也不知道老虎的厉害，所以才一点也不害怕呀！"

初生牛犊不怕虎：犊：小牛。刚生下的小牛不害怕老虎。这个成语过去常用来比喻年轻人大胆勇敢，但缺少经验。现在多用于比喻青少年大胆勇敢，敢于创新。

[例句]英英跟园园打乒乓球，几分钟就把园园打了个 11 比 0，英英得意地说："就是世界冠军来了，我也敢与他比个高低！"众人听了都笑着说："真是初生牛犊不怕虎呀！"

放虎归山

　　村子后面有一座山，名叫老虎岗。为什么叫老虎岗呢？因为山岗上住着一只凶猛异常的大老虎，每天太阳落山后，它就蹲在山边路口，过往行人被它伤害了不少，周围的居民恨死它了，但没有办法收拾它。因为它是被保护的动物，不能随便打死它。

　　少年打虎英雄光光，人称"小武松"，虽然才14岁，但力大无比，武艺高强，已经打跑三只老虎了。他听说此事后，来到老虎岗，决心为民除害。

　　这一天，太阳落山后，老虎又蹲在山脚下，虎视眈 (dān) 眈地盯着路口。

　　光光突然从草丛里跳了出来。老虎一看是个乳臭未干的小毛孩子，根本不把他放在眼里，扑上前来，就要咬光光。光光毫不示弱，冲上前与老虎对打起来。打了十几个回合，不分胜负，光光一跃而起，骑在了老虎背上。

老虎嘿嘿一笑说："正好，我把你驮回山洞吃肉去。"

光光骑在老虎背上，死死地抓住老虎的两只耳朵不放，把老虎痛得仰着头，嗷嗷直叫。光光说："你要老老实实地把我驮回家去，

不然的话，非把你的两只耳朵拧下来不可。"

老虎说："一定照办，一定照办。"

到了家，光光找来了一根铁链子，把老虎拴了起来。每到吃饭的时候，光光就给老虎喂些馒头和猪肉，并教育它以后要改邪归正，不要伤人。老虎在光光面前表现得俯首帖耳，非常听话。一个月后，老虎趴在光光面前说："恩人呀，放我回山吧，我保证今后不再伤人了。"说着，使劲眨了眨双眼，挤出几滴眼泪。

光光见它怪可怜的，再说表现得也不错，也就同意把它放了。

老虎回到山里，恶习不改，仍然与人为敌，接连咬伤了几个行人。光光心中很后悔，不应该放虎归山。一气之下，再次来到老虎岗，把老虎捉住送到动物园去了。

放虎归山： 把老虎放回山林，比喻自留祸根。现在有时也比喻故意把坏人放出去干坏事。

[例句] 罪大恶极的杀人犯被抓住了，公安局的叔叔们是绝对不会"放虎归山"的。

飞蛾投火

太阳落山了，夜幕渐渐降临大地。星星和月亮都趴在云层后面不出来，整个天空像扣了一口大锅，墨黑墨黑的，伸手不见五指。

在这样的黑夜里，飞蛾们可害怕了。它们什么也看不见，到处乱飞乱撞，不是碰在树上，就是撞在墙上，"哎哟哟，哎哟哟"，一片叫苦声。

它们多么希望能见到灯光呀，把这个可怕的黑夜，照得如同白天一样明亮。

好了，好了，它们飞到了一座大城市的上空，可把飞蛾们高兴坏了。你瞧瞧，多好看呀！有白色的灯，有红色的灯，有蓝色的灯，有黄色的灯，还有紫色的灯哩。五光十色，把整个城市照得绚丽多彩。

"快来看呀，快来看呀，这些灯像大馒头一样，白白的，圆圆的，一点也不刺眼呀！"一只飞蛾叫了起来。原来它看到的是一排路灯。

飞蛾们听到喊叫，都一齐飞了过来。它们围着路灯，唱呀，跳呀，转圈圈呀，痛痛快快地玩了一个夜晚，直到天亮后，才一个个藏到草丛里睡大觉去了。

从此，它们的小脑瓜记住了：凡是亮的地方，肯定是座城市，城市的电灯，既不烧人，又不刺眼，还能照明，好玩极了。

第二天晚上，飞蛾们飞到了一片森林的上空。它们正在寻找昨天晚上的那座漂亮城市。突然，火光冲天，把半个天空映得通红通红的，原来是森林起火了。飞蛾们却错误地认为：这肯定是一座新城市，电灯肯定不会少，你看多亮呀！于是，纷纷朝着火光飞来，结果，全部烧死在火海里了。

飞蛾投火：比喻自寻死亡。

[**例句**] 谁与人民为敌，谁就必然会飞蛾投火，自取灭亡。

狐埋狐搰(hú)

　　狐狸这家伙，心眼儿多，疑心也大，它无论干什么事儿，都爱用自己的心理去揣摩别人，总是疑神疑鬼的，对谁也不相信。

　　这一天，他跑到一户农民家里，偷来了三只鸡，吃掉了两只，剩下一只怎么办呢？它想挂在墙上，怕被大灰狼偷去；它想藏在床底下，又怕被老鼠吃掉了；它想放在草垛里，怕被狗叼走了。对啦，干脆把它埋在土里，只有天知、地知、我知，谁也不会知道的。

　　于是，它提着一把小铁锹，来到山坡上，很快就挖好了一个坑，把鸡埋了进去。"不好，一看这些新鲜土，人家就会知道下面肯定是埋着东西。"狐狸这样想。

　　它把鸡扒了出来，重新挖了一个坑，埋上土后，又在上面盖了一层草皮。"这样也不好，草皮上的草死了，跟周围不是一个绿颜色，岂不叫人一眼就认出来了吗？"你看它的疑心有多大呀！

狐狸又把鸡扒了出来，重新挖了个坑。刚把鸡埋上，它朝四周看了看，心想："说不定大灰狼正趴在哪个地方，看我埋鸡呢。等我走开，它就会扒出来吃掉的。"

就这样，它扒出来埋上，埋上又扒出来，从早上八点钟一直埋到中午十二点，也没把一只鸡埋上。这时候，它累了，也饿了，心想："埋在什么地方也不安全，还是吃在肚子里保险。"

于是，狐狸就坐在山坡上，把这只埋来埋去的鸡吃掉了。

狐埋狐揾：揾：挖掘。这个成语意思是狐性多疑，刚埋藏一物，又打开看看。比喻人疑虑太多，不能成事。

[例句] 毛毛把皮球一会儿藏在抽屉里，一会儿藏在壁柜里，一会儿又藏在提包里。他姐姐说："毛毛，你不要狐埋狐揾的，人家谁稀罕你那个烂皮球呀！"

经过一场比武，老虎打败了所有的动物。从此，它就占山为王了。

既然当了山大王，就要有大王的威风，它今天吃兔子，明天吃野鸡，后天吃山羊，天天都在变换着口味儿，动物们谁也不敢反抗，都乖乖地让它吃肉喝血。

这一天，老虎要吃狐狸了。狐狸可狡猾了，它既不敢反抗，又不甘心让老虎吃掉，于是，就想啊想啊，终于想出了一个鬼主意：老虎虽然力大无比，但它的脑袋瓜子不如我聪明，何不欺骗它一下呢？

想到这里，狐狸对老虎说："山大王呀，你想吃我的狐狸肉，这是弟子的万分荣幸，我甘愿填饱你的肚子。不过，你早一点提出来就好了，现在有点晚了，因为老天爷已经让我担任百兽之长了，你若把我吃掉了，岂不违背老天爷的旨意了吗？"

老虎说："谁不知道你是个狐狸精，你少给我耍花招儿！让你当百兽之长，把我放在哪里？为什么不先通知我呢？"

狐狸说："其他野兽都知道了，老天爷让我最后一个通知你。如果不信的话，就请您跟在我的后面走一趟，看看野兽们见了我是不是都很害怕。"

老虎说："好吧，走就走一趟。如果不害怕的话，我当场就把你吃掉。"

狐狸见老虎上钩了，就大摇大摆地走在前面，老虎寸步不离地跟在后面。果然，野兽见了它俩，都吓得拼命地喊着："快跑呀，快跑呀，山大王来了！"

老虎一看，野兽们纷纷远逃，还边跑边喊什么"山大王"，便相信了狐狸的话。殊不知野兽们是害怕它自己，而不是害怕狐狸。

"狐假虎威"或者"虎威狐假"：这一成语比喻借别人的威势吓唬人。

[例句] 个别心术不正的人，狗仗人势，狐假虎威，任意欺侮别人，是不会有好结果的。

狐狸把老虎骗了之后，它又装扮成山羊的妈妈，欺骗小山羊说："小羊乖乖，把门开开，妈妈回来了，快来吃奶。"小山羊一听，是妈妈回来了，赶忙开了门，狐狸一步跨进来，把小山羊给叼走了。

接着，它又装扮成大公鸡，来到鸡窝跟前一叫唤："喔喔喔——天亮了，快出来跳舞了。"小鸡们认为真是大公鸡在叫，都高兴地跑了出来。没想到，是只狐狸，又叫它叼走了两只小鸡。

走到半路上，狐狸碰到了大灰狼，想躲开已经来不及了。狐狸便假惺惺地走上前来说："狼大哥，如果你不嫌弃的话，请到我家去吃鸡吧！"

狼高兴地说："好啊、好啊，从今以后，咱们就是好朋友了，我再也不欺负你了。"

狐狸领着狼来到了家中，狼想帮着狐狸拔鸡毛。狐狸假装客气地说："你是客人，哪能让你动手呀！你快到床上睡觉吧，等我把鸡煮熟了，叫你起来吃就是了。"

狼"呼呼"地睡了。狐狸把鸡煮熟后，偷偷地吃掉，连一点鸡汤也没剩。临走时，又在门上贴了张纸条条，上面写着："偷鸡的大灰狼住在这里！"鸡的主人提着根大木棒子，找到这个地方，把大灰狼活活地打死了。

狐狸可得意了。它感到自己是世界上最聪明的动物了，其他动物都被骗了，就剩下人类还没有面对面地较量过呢。

一天，它见一群小朋友正在玩捉迷藏，摇身一变，变成了一个漂亮的小男孩。它对小朋友们说："小哥哥小姐姐们，我也参加捉迷藏游戏吧？"小朋友们一看，它虽然长得像个小男孩，但屁股上却拖着一条长长的尾巴，这肯定是个狐狸变的，于是，大家悄悄地找来了木棍子，一顿乱打，把这个惯于骗人的家伙打死了。

狐狸尾巴：古时候传说狐狸能变成人的模样来迷惑人，但它的尾巴却变不掉，成为妖怪原形的标志。因此，后来就用"狐狸尾巴"比喻坏人的本来面目或迷惑、欺骗人的罪证。

[例句] 犯罪分子虽然狡猾，但在公安局的叔叔面前，他们是藏不住的狐狸尾巴。

虎口余生

　　有一只小猴子，它离开了爸爸、妈妈，离开了哥哥、姐姐，独自一个到树林里摘桃子吃。它吃饱喝足后，就躺在树底下睡大觉了。

　　一只大老虎路过这里，见小猴子正在睡觉，想把它吃掉，但肚子已经饱了，吃不下去，便张开血盆大口，把它叼起来就跑。

　　小猴子惊醒后，拼命地挣扎，但老虎死死地把它咬住了，越挣扎，越痛得慌。

　　它大喊大叫："救命呀，救命呀，老虎把我叼走了！"

　　许多动物都听见了，也都看见了，但它们都知道老虎的厉害，谁也不敢上前来救它。

　　小猴子想："完了，完了，今天非叫老虎吃掉不可了。"

　　突然，它想起来了：在家时，妈妈每天都给它挠痒痒，挠得它张着嘴咯咯地直笑。说不定老虎也是怕痒的，我也来给它挠挠吧！只

要把它挠笑了，我就可以从它嘴里挣出来。于是，小猴子用两只小手，在老虎的脖子上使劲地挠。可是，越挠老虎的牙咬得越紧，它一点也不笑呀。

"没办法了，没办法了"，小猴子急得满头冒汗。它急中生智，又想出了个主意："我要逗着老虎说话，只要它一张嘴，我就可以离开它的嘴巴。"

小猴子说："大王呀，你行行好，把我放了吧？"

老虎不理不睬，一声不吭，仍然急促地朝着老虎洞跑。

小猴子又说："大王呀，吃我也可以，不过，我想知道你怎么个吃法？"

一提起"吃"字，老虎心中就乐了。它说："我——"刚说出个"我"来，后面的"想放在锅里煮着吃"几个字还没说完，小猴子就"噌"的一下，从老虎的嘴里挣脱出来，三蹦两跳地攀到一棵大树上，像荡秋千一样，从这棵树枝上荡到另一棵树枝上，然后，又爬上了悬崖陡壁。它站在上面，拍着双手说："老虎、老虎，气死你，有本事，你上来呀！"

老虎眼巴巴地看着到了嘴边的猴肉没吃上，气得两眼冒火，肚子鼓得圆圆的，在下面又是吼又是扑的，但干着急也没办法呀！

虎口余生：这个成语比喻经历极大的危险，幸而保存下来生命。

[例句] 冬冬跟着爸爸去航海，船翻了，他们抓住了一个救生圈，在大风大浪里漂泊了三天三夜，才被救上岸来，真是虎口余生呀！

画龙点睛

这是一个古老的神话传说。

有个画家特别擅于画龙。他画的龙跟活的一模一样。

一天，他来到南京，在安乐寺的墙壁上画了四条龙，龙的头、龙的腿、龙的身子都画好了，就是不给龙画眼睛。

围观的人们问他："为什么不给龙画眼睛呢？"

他说："我的技艺太高超了，不敢给龙画眼睛呀，只要画上眼睛，它们立刻就飞走了。"

大家"轰"的一声笑了，都说他在说大话，吹牛皮。

他说："好吧，我现在就画给你们看看。"他提起画笔来，给两条龙分别点上了眼睛。果然，雷鸣电闪，这两条画了眼睛的龙，腾空驾云飞走了，其他两条未画眼睛的龙，仍然卧在墙上不动。

人们都惊呆了，佩服得连连点头，称他是"神笔画家"。

画龙点睛：这个成语的意思是说话作文，在关键之处用一两句话点明要旨，使全篇精警得神。

[例句] 冬冬写了篇文章，老师给他改了两句话，真是画龙点睛，使文章增色不少。

画蛇添(tiān)足

只有一小杯水果酒，想喝酒的人却很多。聪明的小朋友们，你们说，应该怎样来喝这杯酒呢？

有位小朋友说："这还不容易，一个人喝一点点，大家都尝尝呗！"可是，酒少人多，连嘴皮都湿不过来，怎么个喝法呢？

有个小朋友说："把酒倒进大水缸里，每个人都可以喝一大碗。"这个办法也不行，一小杯酒掺到一大缸水里，连点酒味也品不出来，等于喝淡水呀！

这时，一位老爷爷理了理雪白的胡子说："我倒有个办法，不知行不行？今年是蛇年，咱们搞个画蛇比赛，谁先把蛇画出来，谁就喝这杯酒。"

大家听了，异口同声地说："同意！"

人们都蹲在地上，用树棍棍和小石头当画笔，在地上画起蛇来。

有个小朋友画得很快，一会儿就把蛇画出来了，看看别人都还没画完，十分得意。他左手端着酒壶，右手拿着树棍说："我不用忙着喝酒，再给蛇画上几只脚吧！"

他正在给蛇画脚的时候，第二个人已经把蛇画成了。人家走过来把酒杯夺了过去，说："蛇本来是没有脚的，你既然硬要给它添上脚，那么，这场画蛇比赛，我就是第一名了。"说完，就把酒一口喝干了。

画蛇添足：足：脚。蛇是没有脚的，靠身子的蠕动前进，画蛇的人给它添上脚，就不像蛇了。这句成语比喻做了多余的事情，不但无益，反而不合适，也可比喻虚构事实，无中生有。

[例句] 这个故事本来是非常生动的，但青青在讲的时候，凭空添上了一大段，反倒是画蛇添足，多此一举了。

画虎类狗

　　林林从小就喜欢学画画。她三岁的时候，就学会了画苹果、桃子和梨等。四岁的时候，会画小猫、小鸡和小鸭等。今年，林林五岁了，她画的小羊、小猪和小狗，特别像，大家都称她"小画家"。

　　听到大人的赞扬，林林的虚荣心得到了满足，她感到自己是个了不起的大画家了，何必成天去画这些小东西呢？有一天，她说："爸爸，我画一只大老虎给你看看吧？"

　　爸爸说："你会画苹果、桃子和梨，是因为你经常吃这些水果，记住了它们的形状；你会画小猫、小羊、小狗等，是因为咱们家里饲养着这些动物，你成天跟它们在一起玩，熟悉了它们的特点。我仅仅带你到动物园里看了两次老虎，怎么能把老虎画得像呢？再说，你的绘画技艺还不过硬，没有画老虎的本领，怎么能画出老虎呢？"

　　林林不服气地说："哼，你不要小看人嘛！我是个小画家了，怎么能画不出个老虎来呢？"

爸爸说："好、好、好，你画一画试试吧！"

爸爸上班去了。林林在家里开始画老虎了。她画了一张又一张，统统撕掉了。最后，好不容易画成了，连她自己也不满意。

爸爸回来后，一看这幅画就笑着说："这哪是什么老虎呀，明明是一条狗嘛！"

林林红着脸说："爸爸，你说应该怎样才能画好老虎呢？"

爸爸说："无论学什么，都要先从容易的学起，然后再学习难的。吃饭也要一口一口地吃，哪能一口就吃成个胖子呢？这样吧，明天是星期天，我带你到动物园去，一边看老虎，一边画，只有学好了画虎的本领，才能把它画得栩栩(xǔxǔ)如生呀。"

林林不好意思地说："爸爸，我现在只会画画小动物，还称不上是个画家。我一定要虚心学习，长大后当个名副其实的大画家。"

画虎类狗：类：似，像。这句成语是说没有画虎的本领，却要画虎，结果把老虎画得像狗一样。比喻模仿的效果不好，弄得似是而非。此语也作"画虎类犬"。

[**例句**] 平平刚学着写作文，就要写小说，结果，画虎类狗，根本不像个小说样。

火中取栗

几百年以前，法国有位寓言诗人，名叫拉·封登，他在一篇寓言里，讲述了一个《猴子与猫》的故事。

猴子吃够了桃子，便想换换口味儿，吃点火烧栗子。

于是，猴子来到大森林里，捡了许多栗子，又抱来了一大堆柴火，点火烧了起来。

大火"呼呼啦啦"地烧着，栗子被烧得"嘎（gā）巴嘎巴"直响。闻着那香喷喷的味儿，把猴子馋（chán）得满嘴都流口水。

它馋得实在忍耐不住了，便伸手到火中拿栗子。它"啊呀"一声大叫，痛得赶紧把手缩了回来，一看，手背上的毛都被烧掉了。

大火仍然烧得很旺，栗子再不被取出来，肯定要烧焦的。怎么办呢？正在这时，只见一只老猫从西边走来，猴子把小脑瓜一拍说："有办法了！"

它走上前去，笑着对猫说："猫老弟呀，你来得正好。我从早上就捡栗子捡柴火，专门给你烧好了栗子，现在我该歇歇了，你把栗子赶快取出来，咱们一块儿吃吧！"

老猫说："猴子哥，你对我这样好，让我怎么感谢你呢？你快休息吧，我来取栗子。"

老猫刚跳进火里，就蹦了出来，把它痛得"哇哇"大叫，在地上直打滚儿。

可怜的老猫呀，半个栗子也没吃上，却把自己身上的毛全部烧掉了。

火中取栗：人们用这个成语，比喻受人利用，冒了风险，吃了苦头，却没有捞到好处。

[例句] 他替小偷藏赃款，那不是火中取栗嘛！

蛟龙得水

古代有一种大动物，名叫蛟龙。

一天，蛟龙躺在浅浅的水湾里，一动不动地睡大觉。一只青蛙跳到蛟龙的背上，把它弄醒了。

青蛙说："蛟龙大哥，不要睡懒觉了。我听说你的本领很大，怎么不表演表演呢？"

蛟龙叹了口气说："唉，湾里的水太浅了，连我的身子都盖不住，有本领也无法施展呀！"

青蛙说："算了，没有本事就不要说大话，你看我的吧！"说完，青蛙先表演了一个漂亮的跳水动作；接着又扎了一个猛子，从东边一口气扎到了西边，然后又表演了一个最为得意的节目：蛙泳。它跳到蛟龙背上问："怎么样，你会吗？"

蛟龙说："小小的水湾，是你青蛙的活动场所，只有宽阔的江河大海，才是我蛟龙的用武之地哩。"

青蛙说："在这小水湾里，你都吓得不敢活动，到了江河大海里就更不行了，离这里百八十里路，有个大海，咱们去比试比试？"

蛟龙什么话也没说，驮着青蛙，跃到了大海里。

一个巨浪打来，青蛙不见了。

蛟龙却找到了施展本领的场所。它迎着风浪，跳啊、蹦啊，尾巴一甩，飞到了天上，把许多海水都带到了空中，那海水经过太阳一晒，变成了水蒸气，很快就形成了云彩，倾盆大雨"哗哗"地下了起来。

蛟龙得水：蛟：古代传说中的无角龙。传说蛟龙得到水后就能兴云作雨飞腾上天。这个成语比喻有才能的人到了适合的环境，可以大展身手。

[**例句**] 在社会主义社会里，广大知识分子受到党和人民的重用，好似蛟龙得水，可以为祖国的建设贡献巨大的力量。

狡兔三窟(KŪ)

　　大灰狼想吃小白兔。可是，小白兔身子小，跑得快，追着追着就不见了，把大灰狼气得伸着个大舌头，直喘粗气。

　　怎样才能捉到小白兔呢？

　　大灰狼沿着小白兔留下的脚印，找到了小白兔住的洞穴。"噢，你原来住在这里呀！好吧，今天晚上十一点，等你睡了，我再来吃你。"大灰狼想到这里，高高兴兴地回家睡觉去了。

　　到了晚上十一点钟，大灰狼悄悄地来到了小白兔的洞前，把头伸进洞里，猛地咬了一口。可是，咬了满嘴干草，却没咬着小白兔。"这个小家伙到哪里去了呢？"它坐在洞前，一直等到天亮，见小白兔又从一个新洞里跑了出来。"好啊，你这里还有个洞呀！我今天晚上一定要到这个洞里来吃你。"

　　到了晚上十一点钟，大灰狼又来了。可是，仍然没有捉到小白兔。等到天亮，见小白兔从另一个洞里钻了出来。大灰狼说："兔子，兔子，你真狡猾，挖了三个洞子来骗我。今天晚上，我要把三个洞子都找一遍，看你还能往哪里藏！"

到了晚上，大灰狼把三个洞子都找了一遍，连个小白兔的影子也没见到。

原来，小白兔又在另外一个地方挖了三个洞，大灰狼永远也吃不到小白兔。

狡兔三窟：窟：洞穴。狡猾的兔子有三个洞穴。原比喻藏身的地方多，便于逃避灾祸。现在多用于贬义。

[例句] 犯罪分子非常狡猾，然而，即使狡兔三窟，也逃不过好猎手，公安局的叔叔很快就把他们抓获了。

竭(jié)泽而渔

　　伟伟的爸爸，在自家门前挖了一个池塘，养了百八十条鱼。每当贵客临门，拿上钓鱼竿，坐在塘边，一会儿就可以钓上几条鲜鱼来，方便极了。

　　一天，伟伟的舅舅来了。他爸爸说："伟伟，快到池塘里钓几条鱼，给你舅舅下酒。"

　　伟伟拿着钓鱼竿，来到池塘钓鱼。可是，两个小时过去了，连条小鱼也没钓上来。

　　看着水中的鱼儿游来游去的，伟伟想，钓鱼多耽误时间呀，我有个好办法，可以把池中的鱼全部捉到，爸爸见了肯定会高兴的。

　　他回家拿来小铁锹，在池塘边上挖了个缺口，把水全部放干了。鱼儿离开了水，都躺在地上不动了，他捡了满满两大盆鱼。

　　爸爸见了，生气地说："你呀，你呀，已经八岁了，还是这么笨！

把水放干了，把鱼全捉光了，以后还能钓鱼吗？"

伟伟噘着小嘴说："我捉了这么多的鱼，你不夸奖我，还说我笨，真是个坏爸爸。"

这些天，伟伟家里天天吃鱼。他说："这还不是我的功劳，不把鱼全部捉上来，能吃上这么多鱼吗？"可是，过了些日子，他姥姥来了，再也不能拿着钓鱼竿钓一条活蹦乱跳的鲜鱼来招待姥姥了。他爸爸只好骑上自行车，到很远很远的县城里，去买鱼做给姥姥吃。

直到这时，伟伟才认识到，自己做了一件只顾眼前利益，不做长远打算的错事。

竭泽而渔：竭泽：把池水放干；渔：捉鱼。放干了池水去捉鱼。比喻做事不留余地，不考虑后果，只顾眼前利益，不做长远打算。

[例句] 开发森林，应当一边砍伐，一边植树，不能采取竭泽而渔的做法，砍尽伐光，不留余地。

 # 金蝉 (chán) 脱壳 (qiào)

　　小金蝉的妈妈可有心眼了。她担心自己的孩子在没有成虫之前，被其他昆虫吃掉，就用一层硬硬的外壳，把小金蝉严密地包了起来。

　　一天，螳螂 (tángláng) 见了这个硬壳壳，觉得挺好玩的，把它当足球踢。后来，听蚂蚁说，这里面有个胖乎乎的小金蝉，吃起来喷香、喷香的。螳螂就把它滚到了自己的家里，用牙咬、用手撕、用脚踢，馋 (chán) 得垂涎 (xián) 欲滴，也弄不开这个硬壳壳。螳螂咬牙切齿地说："小小金蝉，好好听着，你终有一天，会破壳而出的。到那时，我再吃你也不晚。"

　　一天又一天过去了。小金蝉渐渐长大了。它咬破了外壳，探出头来望了望，见螳螂举着两只大刀般的手，正在打瞌睡 (kēshuì)。它赶紧把头缩了回来。心想："我不能顶着外壳走，万一叫螳螂看见了，跑都来不及呢！"于是，小金蝉悄悄地从外壳里爬了出来，藏到一边的草丛里去了。

螳螂睁开双眼看看，见外壳仍然原地不动，就放心地闭上眼睛又睡了。

一天又一天过去了。螳螂再也没有耐心等下去了。它用双手去敲打外壳的时候，大吃一惊，外壳成了个空家伙了。

这时候，小金蝉在树上"知了、知了"地叫着："螳螂、螳螂大傻瓜，我用了个脱壳计，就把你甩开了，有本事上来吃我吧！"

螳螂举着两只大刀般的手，"嗖、嗖、嗖"地往上爬，当它快要爬到小金蝉跟前时，小金蝉张开双翅，"知了"一声飞走了。

金蝉脱壳： 金蝉：昆虫名，俗名"知了"。蝉变为成虫时要脱去幼虫的壳。这个成语比喻用计脱逃而使对方不能及时发觉。

[例句] 他用了个金蝉脱壳计，把跟踪在后面的特务甩开了。

《战国策·楚策四》中讲了这样一个故事：

更羸 (léi) 同魏王在高台子下面，抬头看见了空中的飞鸟。更羸对魏王说："我替您虚拉弓不放箭，就可以射下一只鸟来。"魏王摇摇头说："我不信，难道你射箭的本领竟可以达到这样的地步吗？"更羸说："那当然了，现在就射给你看看。"

一会儿，有只大雁从东边飞来。更羸拿起弓拉了一下空弦，那只大雁一个跟头栽了下来，摔死了。魏王惊叹地说："你的射箭本领这样高超吗？"

更羸说："不是我的射箭本领高，这是一只受了伤的离群孤雁！"魏王说："你怎么知道它受了伤，又是一只离群的孤雁呢？"

更羸回答说："它飞得缓慢而叫得悲惨。飞得慢，是因为旧伤疼痛；叫得惨，是因为长时间离群。旧伤没有长好，而害怕的心理使它一听见弓弦'崩'的一声响，急忙展翅高飞，这就使它伤口破裂，从高处掉落下来。"

惊弓之鸟：被弓箭吓怕了的鸟。比喻受过惊吓的人遇到类似的情况就惶恐不安。

[例句] 被我英勇的人民解放军打败的敌人，一听到"解放军"三个字，就吓得像惊弓之鸟一样，惶惶不安。

聚(jù)蚊成雷

小白兔奉老虎大王的命令，以每小时六十公里的速度，把动物界、昆虫界联合召开歌咏比赛大会的通知，一一分发下去。

到了这一天，动物们、昆虫们都按时来到了会场，老虎宣布比赛开始。

首先上场的是狮子，它的嗓门很粗，唱得山摇地动，震耳欲聋。

接着，老虎走上台来，歌喉一扬，把树上的叶子震落了一片。不过，它俩的声音虽大，但唱得却不好听，只能叫人听了害怕，胆小的动物和昆虫都用小手捂着耳朵还吓得打哆嗦呢。

然后，是大象、骆驼、狼、狗、马、牛、羊、猪、鸡、鸭等，依次唱了一遍。

马、牛、驴的歌声嘹亮，能一下唱上好几个高八度。

鸡的男女声二重唱最动听，公鸡唱道："喔喔喔，喔喔喔，天亮了，快起床。跳跳舞，保健康。"母鸡唱道："咯咯哒，咯咯哒，我下的双黄蛋比鸭蛋大。"

小鸭生气地唱道："呀呀呀，呀呀呀，母鸡说话口气大。"

临到昆虫比赛了。就数知了最能唱，它反复地唱着一句话："知道，知道，我全知道。"它那傲气十足的劲头，令台下的听众十分反感。

蟋蟀也不甘示弱，跳上台去猛叫着："乖乖乖、乖乖乖、我是一个好乖乖。"

蚊子是最后一个上场的。它嘴尖声音小，最爱趴在别人的耳朵旁说悄悄话，是个善于搬弄是非的家伙。它绕着场地飞了一圈，用尽全身的力气，张着小嘴巴"哼哼、呀呀"地唱了一通，可是，大家都摇头晃脑地说："什么声音也没听见。"

蚊子急了，飞到老虎的耳朵里说："大王，这种比赛太不合理了。我们几万只蚊子抱成团团，也没有一只鸡的体积大呀，怎么能一只顶一只地比赛呢？"

老虎说："你的意思是——"

没等老虎把话说完，蚊子抢着说："让我们几万只蚊子来个大合唱吧！"

老虎想："你们来个大合唱，发出的声音也不如我的哼哼声，还能得第一名吗？"于是，老虎点了点头，同意了蚊子的要求。

蚊子把手一招说："弟兄们，快来唱吧！"隐蔽在草丛里的千千万万只蚊子飞出来了，黑压压的一片，遮天蔽日，"嗡嗡嗡"乱叫，像打雷一般，把动物和昆虫们吓得四处逃散了。

聚蚊成雷：很多蚊子凑到一起，它们的声音可以像打雷那样响。这句成语比喻说坏话的人多了，会使人受到很大损害。

[**例句**] 没想到仅仅几句风言风语，就引来了满城风雨，这可真是聚蚊成雷呀！

井底之蛙

几只青蛙，在水井底下，"咕呱、咕呱"地叫个不停。原来，它们是在争论着各自的观天感想。

小青青说："天是四方四角的，像个正方形。"

小黑黑说："天是圆圆的，像个'○'形。"

小花花说："不对，天是椭圆形的，像个大鸡蛋。"

一会儿，小青青又说："啊，天就这么大呀，我从东边游到西边，只划两下水就行了，连个水猛子也无法扎。"

小黑黑说："都称天高天高，我看它一点也不高，抬头看，离咱们也不过是百尺左右呀。"

小花花说："天上的星星也不多嘛，连我都能数过来。"

这时候，一只鸟儿路过井口，听到青蛙们的议论，就落在井沿上，对着井底说："青蛙老弟，不要再瞎说了。你们看到的只是个井口而已，就是爬到井沿上来，恐怕对天也不会有个正确的认识。我整天都在空中飞翔，到目前为止，我不知道天有多大，也不知道天有多高，更不知道天上的星星有多少。不知道就老老实实地说个不知道，不要胡说一通，叫人听到了笑话呀。"

听到鸟儿的话，青蛙们羞得满脸通红，一声也不吭了。

井底之蛙：井底下的青蛙只能看到井口那么大的一片天空。比喻见识短浅的人。

[例句] 把自己关在屋子里，不看书、不读报、不听广播、不看电视，也不参加社会实践，就会像井底之蛙那样，成为一个见识短浅的人。

浅井之蛙

《庄子·秋水》篇里，讲了这样一个故事：

有一口坍塌破废的水井，只有浅浅的一点儿水。

一天，住在这口浅井里的青蛙，对远道而来的东海大鳖 (biē) 说："鳖大哥，你看多快乐呀！我有时跳到井外面的栏杆上去玩，有时又躲到井壁上的窟窿里休息。泡在水里，水浮动着我的两腋，支托着我的面颊；踏在泥里，泥埋没了我的双足，盖住了我的脚背。你瞧瞧那些螃蟹 (pángxiè) 啦、蝌蚪 (kēdǒu) 啦，它们都不如我呀！再说，我自己独占一坑水，在里面自由地跳来跳去，谁也无权干涉我，这种乐趣真是妙不可言呀。您也进来快乐快乐吧！"

东海大鳖的左腿还没来得及伸进去，右腿的膝盖就已被井口卡住了。它只好慢吞吞地拔起右腿缩了回去，坐在井沿上，跟青蛙讲起东海老家的情况。它说："提起大海，千里之遥不足以形容它的辽阔，千丈之高不足以探测它的深度。大禹 (yǔ) 治水的时候，十年九涝，海水不见加多；商汤的时候，八年七旱，海水不见减少。大海的度量最大，它不因为时间长短而使容量变化；也不因为旱涝不匀而使水量增减。我住在这样的地方，心中的快乐，你是无法体会到的。"

浅井里的青蛙听了，惊得目瞪口呆，一句话也说不出来，相比之下，它觉得自己太渺小了，太不谦虚了，好像丢掉了什么似的，从浅井里跳了出来，灰溜溜地逃走了。

浅井之蛙：比喻那些盲目自满乐观的人。

[**例句**] 像浅井之蛙那样，盲目自满的人，是不会好好学习的。

狗猛酒酸(suān)

《韩非子·外储说右上》讲了这样一个故事：

宋国有个卖酒的人，买卖很公平，从不坑害人；对待客人很热情、恭敬；酿造的酒很醇美，酒店的幌子也挂得很高，但是，家中的酒却积压了很多卖不出去，天长日久，酒都变酸了。他感到非常奇怪，就向别人请教是什么原因造成的。问到一个名叫杨倩的老人，杨倩老人说："是你的狗太凶猛啦！"他又问："狗凶猛，与酒卖不出去有什么关系呢？"杨倩老人说："人们怕狗呀。有的人家让孩子拿着钱提上酒壶、酒瓮来打酒，而这只狗迎上去就咬他们，谁还敢登门来买酒呢？这就是酒所以酸而卖不出去的原因。"

狗猛酒酸：这个成语告诉人们：恶人挡路，再好的主张也难以推行。比喻环境恶劣，前进困难，也比喻权臣当道，阻塞贤路。

[例句] 过去有个县官办案很公道，但平民百姓却很少登门，原因是狗猛酒酸，守门的人太霸道了。

狼狈为奸

　　狼和狈是一对坏家伙。狈的后腿长，前腿短，行动时要趴在狼身上，没有狼就不能行动。但它的坏心眼儿多，狼跑得虽快，但它的脑瓜子笨。因此，狼与狈常常合伙干坏事儿。

　　有一次，狼和狈走到一户人家的羊圈(juàn)外面，虽然里面有许多只羊，但羊圈又高又坚固，于是它们想出一个主意，让狼骑在狈的脖子上，再由狈用两条长长的后腿直立起来，把狼驮得很高，然后，狼就用它两条长长的前腿攀(pān)住羊圈，把羊叼走。

　　狼狈为奸：比喻坏人互相勾结共干坏事。

　　[**例句**] 旧社会，地主和兵匪狼狈为奸，共同欺压贫苦的老百姓。

狼狈不堪(kān)

披着狗皮，偷鸡成功，使狼和狈处于高度兴奋之中，它们越来越得意忘形起来。

这天，狈对狼说："大哥，听说西村老周家的母猪，昨天晚上生了一窝小猪，个个胖乎乎的，小骨头都葱嫩(nèn)葱嫩的，咱们再去美餐一顿吧？"

狼说："行啊，有你这个军师出谋划策，咱们干什么都会成功的。不过，那母猪也不是好对付的，它的嘴巴很长，个头又大，到时候，它又叫、又拱、又撞的，你我都不是对手呀！"

狈说："大哥，你的记性太差了。你忘了，人们常说，'老猪、老猪，吃饱就睡觉'，一睡就像个死猪，叫都叫不醒哩。"

狼拍了一下自己的脑袋说："该死、该死，我把这个都忘了。今晚上，咱们等母猪睡着了，就去吃它的孩子。"

晚上，狼和狈来到老周家的院墙外，听到母猪"呼哧、呼哧"地睡大觉，便翻墙入院，跳进了猪圈。见小猪们正围在母猪怀里睡得香甜，刚要动手，母猪惊醒了，见是狼和狈，怒从心起，爬起来，一头把狈撞进了大粪坑里，回过身子又一拱，把狼拱到了墙根。等狈好不容易爬了上来，狼和狈与母猪混战的时候，老周也醒了，他提着根大木棒子直奔猪圈而来，狼一看不好，拔腿就跑。狈急了，大声喊着："狼大哥，等等我呀。"狼为了逃命，哪里还能顾得上狈老弟呢。狈离开了狼，一点也跑不快，被赶上来的老周用木棒子打死了。

狼狈不堪：比喻处境十分艰难，进退不能的样子。

[例句] 面对一片抗议，这些丑类面红耳赤，狼狈不堪。

狼吞虎咽

狼和老虎一向作恶多端，结怨甚多，谁也不愿与它们交朋友。这一天不知怎么它们发了善心，通知所有动物到老虎洞里赴宴。

接到通知后，动物们都万分高兴，连早饭都没吃就来到了老虎洞。

老虎理了理胡须，发表了一番慷慨激昂的演讲。它说："弟兄们，以前有些事情做得对不起大家，为了表示歉意，我跟狼老弟搞了点东西，请大家来吃顿便饭，不成敬意呀！"

狼也走上前来鞠了一躬说："本来嘛，我们是不吃素的。但是，今天大家都在场，为了避嫌，我们都不吃肉，请各位放心地品尝吧！"

桌子上摆了各种各样的食物。小鸡一口吞下了一粒玉米；小鸟一口咽下了一粒小米；小兔子把着个萝卜啃了半天，才啃掉了一层皮儿，小羊嚼了半天才吃掉了一把青草……

　　老虎不耐烦地问："弟兄们，吃饱了没有？"动物们你看看我，我看看你，不知说啥好。小鸡和小羊悄悄地说："吓饱了！"

　　"什么？"老虎发怒了，大家慑于虎威，异口同声地说："吃饱了，

大王！"

老虎"嘿嘿"地笑了笑说："你们吃饱了，该轮到我们吃了。"说完，它就抓过一只小羊羔几口就咽了下去。老狼叼过一只小鸡来，连毛带骨头吞了下去。

这时候，动物们才明白了，老虎和狼请客是假，吃小动物是真，它们是永远也不会吃素的。看它们狼吞虎咽的那个样子，肯定是好几天没吃肉了，饿得发昏，才想出了"请客"这么个鬼主意。可怜的小动物们，连饭也没吃饱就填了老虎和狼的肚子。

狼吞虎咽：形容吃东西又猛又急的样子。

[例句] 妈妈说："吃饭要细嚼慢咽，不要狼吞虎咽的。"

 狼奔豕(shǐ)突

　　一位农民老伯伯，种了一亩小麦，一亩西瓜，起早贪黑，辛勤劳动，小麦长得吐出了穗，西瓜秧也都开了花，老伯伯乐得合不拢

嘴，今年又是一个丰收年。

可是，有一天早晨，老伯伯到地里一看，惊呆了，小麦都扑倒在地，西瓜秧都被踩烂了，这是咋回事呢？一看地上那密密麻麻的脚印，老伯伯心里全明白了。

原来昨天晚上，一群狼和一群猪在这里展开了比赛，看谁把庄稼破坏得最惨。狼在西瓜地里赛跑，跑来跑去，把西瓜秧全都踩烂了，猪在麦田里做游戏，你拱我撞，把一片小麦全糟蹋了。

老伯伯看着眼前的惨景，心痛得流下了眼泪，骂道："这些畜生叫我老汉咋过呀！"

狼奔豕突：豕：猪；突：冲撞。这个成语就是说，像狼那样奔跑，像猪那样乱闯。比喻坏人到处乱闯，任意破坏。

[例句] 听老爷爷讲，当年日本鬼子进了村庄，就像狼奔豕突那样烧杀抢掠，把好端端的一个村子破坏得不成样子。

狼心·狗肺

喜鹊医生看见路边有一只快死的狐狸，很着急，心想怎么才能把它救活呢？这时它看见有一头凶狠的大灰狼在追一只鸡要吃它。喜鹊忽然有了主意，飞过去，用一把刀杀死了狼，把狼的心脏取出来，安在狐狸的身体里。又看见一条恶狗要吃拼命逃跑的小鸭子，喜鹊为保护小鸭子，就一刀杀死了恶狗，把恶狗的肺也安在狐狸的身体里。狐狸活过来了，看着喜鹊凶恶地说："你好人做到底吧，我还饿着呢，让我吃了你吧。"喜鹊一看，知道自己做错了事情，于是拍拍翅膀飞走了。

狼心狗肺：比喻长着凶恶狠毒心肠的人就与凶狼和恶狗一样。

[例句]"你这个狼心狗肺的大坏蛋，警察叔叔绝对饶不了你！"东东气愤地说。

狼子野心

小狼生下来还不到一个月，妈妈就死了。动物们见它怪可怜的，都不记它妈妈的仇了，纷纷前来帮助它。

小鸟给它叼来了一只大虫子，小狼吃了说："咳，这个虫子还不够塞我的牙缝呢，快过来，让我把你吃了解解馋吧！"小鸟听了吓得赶紧飞走了。

小白兔给它送来了一个大萝卜，小狼说："混蛋，我祖祖辈辈都不吃素，你不知道吗？乖乖地过来，让我咬你几口！"小白兔抱起萝卜蹦跶、蹦跶地走了。

小牛给它提来了一桶水，小狼边喝边说："哼，光给我清水喝呀！别看你比我大几倍，我长大了照样能把你吃掉！"小牛气得把桶踢翻就走了。

老母羊来给它喂奶，小狼吃饱羊奶后，竟把老母羊的奶头给咬了下来。老羊痛得咩、咩、咩地惨叫着跑了。跑到半路上碰到小花猫。老羊问道："猫老弟，到哪里去呀！"小花猫说："我给小狼送条鱼吃吃。"老羊说："咱们不要再对小狼发善心了。狼崽子虽小，却有它老娘的凶恶本性呀，你看，我好心好意地去给它喂奶，它竟把我的奶头给咬掉了。'哎哟哟'，痛死我了。"小花猫见了那血淋淋的羊奶头，"喵、喵、喵"地叫唤几声，叼起鱼来就跑回家了。

从此，动物们再也不去照顾小狼了，不几天，它就饿死了。

狼子野心： 比喻凶恶残暴之人居心狠毒，习性难改。

老蚌 (bàng) 生珠

海水退潮之后，海滩上留下了许许多多的蚌。

一群小朋友来到海滩捡蚌。你看那些小蚌多漂亮呀，白白的外壳，细细的嫩肉，拾回去让妈妈烧汤喝多鲜呀！

有一只老蚌丑极了。外壳长满了斑迹，黑不溜秋的，像蒙了张蛤蟆 (há·mo) 皮似的，一看就叫人恶心。小朋友们把它当毽子，你踢来我踢去，谁也不愿去捡它。

一位老伯伯见了说："这可是个宝贝呀！"他把这只老蚌捡回家去，放在清水中养了起来，几天之后，这只老蚌就吐出了一颗又大又亮的珍珠。小朋友们后悔极了。

老蚌生珠：比喻老年得子，此前比喻的是年老有贤子。

[例句] 王大妈五十岁时才有了一个儿子，真是老蚌生珠呀！

老骥(jì)伏枥(lì)

马厩里拴着两匹马，一匹是白色的老马，一匹是红色的小马。

小红马吃饱喝足之后，就卧在马厩里"呼呼"地睡大觉。睡醒之后，它又唱歌又跳舞，成天乐呵呵的，什么心事也没有。

老白马吃饱喝足之后，就在马厩里不停地走来走去，或者唉声叹气地说："这日子过得真没意思。"

一天上午，小红马好奇地问道："大哥，我们不缺吃、不缺喝，成天什么活儿也不用干，你愁什么呀？"

老白马说："唉，弟弟你小不懂事呀，咱们作为人类饲养的一匹马，生来就是要多干活、多跑路的，成天不离开马厩怎么能称得上是匹好马呢？"

小红马说："大哥，咱们肯定是匹好马。要不主人怎么能精心饲养咱们呢？"

老白马说："好马是跑出来的。你既然知道主人对咱们好，就应该想着走出马厩报效主人才对。"

小红马说："大哥，我可以走出马厩，你的岁数大了，就待在马厩里享几年清福吧！"

老白马说："弟弟，我虽然老了，可还是成天想着去跑千里之路。你年纪轻轻的，确实不应该再留恋马厩啦！"

小红马惭愧地低下了头。从此，它每天吃饭之后，不是拉车就是驮货，天天奔跑在路上，成了一匹众人称赞的千里马。老白马也走出了马厩，干一些力所能及的活儿。

老骥伏枥：骥：好马；枥：马槽，也指马厩；伏枥：指就着马槽吃食。魏武帝曹操曾写下这样一首诗："老骥伏枥，志在千里；烈士暮年，壮心不已。"意思是老了的好马，虽然伏在马厩中，却还想着去跑千里的远路。比喻人虽然老了，但仍有雄心壮志。

老马识途

丁爷爷赶着马车，到很远很远的一个地方去拉玉米。

在回来的路上，丁爷爷患感冒发高烧，昏睡在马车上不省人事。

这匹马不用主人驾驭，自己拉着一车玉米和丁爷爷走了许多里路，转

了好几个弯，通过了五六个交叉路口，既没碰着车，也没撞着人，平平安安地回到了家中。这件事被村上的人知道后，都说："丁爷爷有一匹神马，不用人赶车也可以拉东西。"

丁爷爷理了理胡子，笑着说："哈哈，哪里有什么神马呀！这匹马跟我跑了三十多年的车，对这方圆二三百里它都熟悉，就是蒙上双眼，也能认得道儿。"

老马识途：老马能够认识曾经走过的路。后来人们就用这个成语比喻富有经验的人，在工作中熟悉情况，容易做好。

老牛破车

大宝和二宝吃过早饭之后，驾着牛车到姥姥家去。他家的这头牛已经老掉了牙，每走一步，就要大口大口地喘粗气；这车也已经破烂得不像个样子，两个车轮子"吱吱嘎嘎"地响个不停。他们走了半个小时，才走出了村口。

大宝不耐烦地说："太慢了，太慢了，这样子走下去，什么时候才能到姥姥家呀？弟弟，咱们干脆走着去吧！"

二宝说："再慢也比步行快呀！再说，坐车总比走路舒服嘛！"

大宝说："那好吧，你赶着车去，我步行走，咱们来个比赛，看谁先到姥姥家。"说完，大宝就迈开双脚走了。

二宝见大宝走得很快，一会儿就看不见了，心中非常焦急，为了追赶大宝，他找来一根棍子，不停地抽打着牛屁股，嘴里大声地喊着："驾、驾、驾！"可是，老牛仍然慢慢地走着，再打也不顶用。因为牛老了没有什么力气，再加上拉的是辆破车，怎么能走快了呢？把二宝气得"哇哇"地大哭起来。

大宝虽然走得累一点，但是，到姥姥家，正好赶上吃中午饭。下午又到儿童乐园玩了三个小时，心中快乐极了。二宝呢，直到太阳落山了，他才垂头丧气地赶着牛车来到了姥姥家。

老牛破车：形容做事极慢、效率低下。

[例句] 妈妈说："明明，快去上学吧，别老牛破车似的在家磨蹭了，都快迟到了。"

老牛舔 (shì) 犊 (dú)

小牛跑到山坡上吃青草，又跑到河边去喝水，吃饱喝足之后，就在泥地上打滚儿，在草丛里翻跟头，弄得浑身上下都是脏土和草棍，许多毛发都粘到一块儿，丑极了。

牛妈妈见了说："孩子，你这样不讲卫生，妈妈以后就不喜欢你了，小朋友们也不愿意跟你玩了。"

"哞、哞、哞"，小牛哭了起来。

牛妈妈说："乖孩子，快过来吧，妈妈给你洗一洗。"牛妈妈用舌头在小牛身上舔了起来。她先给小牛舔了舔脸，又把粘在一块儿的毛都舔开了。接着，她把小牛身上的脏土和草棍棍全部舔干净了。

小牛的身上被妈妈舔得溜光溜光的，又变得十分可爱了。它高兴极了。牛妈妈仍然在小牛身上不停地舔着，就像给小牛唱着催眠曲一样，一会儿，小牛就依偎在妈妈怀里睡着了。

老牛舔犊：舔：舔；犊：小牛。这个成语比喻大人爱孩子。

老鼠过街，人人喊打

　　小老鼠们生下来快有一个月了，妈妈却只让它们晚上出来活动活动，白天根本不让它们出洞门，更不让它们到街上去玩。

　　小老鼠们在洞子里闷得慌，央求道："好妈妈，叫我们出去玩一会儿吧，成天待在洞子里多没意思呀！"

　　老鼠妈妈说："你们太小了，不是妈妈不让你们出去，而是担心你们出去之后就叫人打死了，连我出去一趟还提心吊胆的哩！"

　　小老鼠说："骗人！人家小鸡、小狗、小猫，都成天在外面玩，人不但不打它们，还给它们好东西吃哩。它们是可爱的小动物，难道我们就不可爱了吗？"

　　老鼠妈妈说："咳，你们现在还不懂事，小鸡、小狗、小猫等动物都讨人喜欢，咱们老鼠却是人类的敌人，专门偷人的粮食，咬人的东西，还给人传染疾病，人人都痛恨我们，见了就打，连小猫都不会放过我们的。你们可千万要记住，白天不要到街上去玩！"

一天上午，老鼠妈妈到外面偷粮食去了。小老鼠们凑到一块唧唧咕咕地议论说："妈妈尽哄我们，她也是只老鼠，怎么她就敢白天出去呢？""我们不听她的，到外面玩玩去！""好！"小老鼠们手拉着手儿，走出了洞子。啊！外面太好了，空气新鲜，阳光明媚，还能听到好多好多的声音。街上更热闹了，"咱们到街上跳舞去！"

小老鼠们刚走到街上，就被一群小朋友发现了。"老鼠，老鼠，快来打老鼠呀！"小朋友们一喊，街上的大人们都跑过来了，你踢一脚，我砸一石头，把几只小老鼠全部打死了。

老鼠过街，人人喊打：比喻害人的东西，人人都痛恨。

两虎相斗

　　小全全到山里去放牛，遇到了两只异常凶猛的老虎，小全全害怕极了，心想，这下子完了，小牛和我都活不了啦。

　　两只老虎一见到全全和小牛就互相争了起来。

　　一只老虎说："我吃小牛，你吃小孩！这是我先发现的。"

　　另一只老虎摇摇头说："不行，不行！我吃小牛，你吃小孩！谁不知道小牛身上的肉多呀！"

　　"我偏要吃小牛！"

　　"我更要吃小牛！"

　　两只老虎互不相让，争着争着就打了起来，你咬我一口，我啃你一口；你踢我一脚，我蹬你一腿；你扫我一尾巴，我抓你一把毛。越打越有气，越打越激烈，打到最后，一只老虎被打死了，另一只老虎被打成重伤，躺在地上只能喘粗气，一点也动弹不了啦。

　　小全全这下可不害怕了，他好心找来大人，救助那只受伤的老虎。

　　两虎相斗：比喻两雄相争，争斗的双方都会受到损伤。

临渊(yuān)羡(xiàn)鱼

小波来到一条大河边，见水中的鱼儿正在做游戏：有的翻跟头，有的扎猛子，有的吹水泡，有的在赛跑，有的在跳舞，好玩极了！

他看着看着，情不自禁地说："如果我能得到几条鱼，该多好呀！"

一条小鱼跃上水面，对小波说："可爱的小朋友，你既然希望得到我们，为什么还不赶快回家结网呢？"

小波说："结网多麻烦呀，再说一两天也结不成一张网呀！"

小鱼说："结网是有点麻烦。可是有了网才能捕到鱼，不结网永远也得不到鱼呀！一天结不成网，可用十天、二十天时间，总有一天会把网结好的。"

小波说："你别啰唆了，我才不愿意去结网呢。你们行行好，跳上来几条给我玩玩，多省事呀！"

小鱼说："对不起，小朋友，世界上没有不劳而获的东西。你不愿结网，又想得到鱼，那只有去做梦吧！"

小波说："好啊，你们不自动跳上岸来，我可要跳到水里去捉你们啦！"

小鱼笑着说："嘻嘻嘻，你赤手空拳是捉不到我们的。弄不好还会把你淹死的，你可千万不要下来呀！"说完，小鱼又对着水中喊道："兄弟姐妹们，小波要下来捉我们啦！"水中的鱼儿听到呼喊，都

纷纷跃到水面上，对着小波说："小朋友，拜拜！"说完，大家一齐扎到深水里游走了。

小波呆呆地站在岸上，伤心地哭了起来。

临渊羡鱼：渊：深潭；羡：希望、得到。《汉书·礼乐志》中说："临渊羡鱼，不如退而结网。"意思是，在河边或深潭边上看见有鱼，只是很希望得到鱼，却不如回去结网。比喻只作空想，不干实际事情。

[**例句**] 有些小学生光想着考试得到一百分，平常却不用心学习，这只能是临渊羡鱼！

蚂蚁啃骨头

小小的蚂蚁，许多人都瞧不起它们，认为"区区蚂蚁，何足挂齿"呢？然而，蚂蚁啃骨头的精神是非常可贵的。

在一个山坡上，蠕动着一条长长的黑线。走近一看，原来是一队蚂蚁正背负着各种食物搬家呢。突然，走在队伍前头的几只蚂蚁跑到大王跟前说："报告大王，前面发现一条牛腿骨头。"

大王说："好啊，又可以美餐一顿啦，走，看看去。"

来到骨头跟前，大王说："小的们，今天咱们把这块没人要的骨头啃掉好不好？"

"好！"蚂蚁们把食物放在一边，纷纷爬到骨头上啃了起来。

这时，一只小鸟飞过来，对蚂蚁大王说："这是老虎啃不动的骨头才丢在这里的，你们小小的蚂蚁咋能啃得动呢？别白费工夫了。"

大王自信地说："老虎啃不动，我们就是要把它全部啃掉！"小鸟听了伸伸舌头飞走了。

啃了一会儿，许多蚂蚁都不啃了，一个劲地喊着："哎哟哎哟，牙痛！牙痛！"

大王说，小的们，不要泄劲呀！要知道，我们不应小看自己，虽然在强大的动物面前，我们总是被践踏、被捕食的对象，可是，在困难和艰险面前，我们蚂蚁家族是从来不曾低头的。来，我给你们讲一个故事。

"在墨西哥热带森林里，有一群我们引以自豪的蚂蚁，被人类称为'劫蚁'。它们往往形成十万到十五万之众的大军，昼憩夜袭，力不可挡。奇妙的是，当它们昼憩时，可以互相构结成一个中间是空心的大圆球，把尊贵的女王和众多的猎获物围在里面加以保护。当它们夜袭时，则是全体出动，铺开宽达五米的横队，浩浩荡荡地前进。一路上，只要是避之不及的大小动物，均在劫蚁大军的围攻、消灭之列，不论兔、鼠、鸡、犬，或是熟睡的牛、羊、蟒蛇，都难逃脱劫运。据说，连著名的德国旅行家爱华斯，在墨西哥一家乡村旅店里，也曾经遭受过劫蚁的夜袭，虽未丧生，却也吓得几乎灵魂出窍。"

大王停顿了一下说："孩子们，劫蚁的个体也是令人瞧不起的小不点儿。然而，万众一心，不畏庞然大物，也能叱咤森林，云游四方，所向无敌。今天，我们碰到这么块大骨头，就啃不动了吗？"

"不！一定要把它啃掉！"蚂蚁们听完了这个故事，都鼓足了勇气，又继续啃了起来，它们整整啃了一天一夜，终于把这块骨头啃掉了。

蚂蚁啃骨头：比喻集合小的力量或简单的工具完成大的工作任务。

蚂蚁缘(yuán)槐

　　这是一棵又粗又高的大槐树。它高达二十余米，有四米多粗，三个小孩子手拉手也抱不过来。

　　在这棵树上，爬满了密密麻麻的蚂蚁。它们顺着树干从上爬到下需要走五个小时，绕着树干转一圈，也需要一个多小时。在它们的心目中，这个地盘够大了。

　　这一天，蚂蚁们在树底的洞里召开大会，大王郑重宣布："孩子们，从今天起，我们建立一个国家，名叫大槐安国，我就是你们的国王，我的太太就是你们的皇后，还要选三千个美女进宫侍候我们。"

　　国王喝了一口水，提高了嗓门说："我们这个国家，比世界上任何一个国家都大，你们作为一个大国的臣民，应当感到光荣和自豪呀！"

　　"国王万岁！大槐安国万岁！"蚂蚁们高兴地狂呼起来。

　　国王又说："现在，我宣布命令，任命蚂蚁甲为东柯郡太守，任命蚂蚁乙为西柯郡太守，任命蚂蚁丙为南柯郡太守；任命蚂蚁丁为北柯郡太守。嘿嘿，我的国土有多大，光是领地就有四个。孩子们，喝酒庆祝吧！"

"好哩！"蚂蚁们又歌又舞，大吃大喝起来。

正在树底下玩耍的小朋友们，看到蚂蚁们的这场闹剧，都哈哈大笑起来。什么大槐安国！只不过是棵大槐树而已。像这样的大槐树，我们中国的国土上有千千万万棵呢！还任命了四个太守，那只不过是东西南北树枝上的四个小蚂蚁洞呀！如果它们能当国王、当太守，咱们就要当联合国的秘书长喽！哈哈哈，蚂蚁真是自狂自大。

蚂蚁缘槐： 缘：沿，顺着。此成语是说蚂蚁沿着槐树上下爬，自以为了不起。

盲人摸象

几个盲人凑到一块议论说："听人家讲，大象很高大。可惜咱们都看不见，没有这个眼福。对啦，今天正好是个星期天，咱们何不到动物园去摸它一摸，看它到底是个啥样子？"

"好呀！"他们用手中的竹竿探路，来到了动物园的大象跟前。

一个盲人靠到跟前，摸了摸大象的一条腿，高兴地说："我知道了，我知道了，大象就像一根老粗老粗的大柱子。"

另一个盲人走上前去，摸到了大象的身子说："不对！不对！大象就像一堵很高很高的墙。"

第三个盲人摸到大象的尾巴说："你们都别欺骗我了，大象就像一条大蛇呀！"

第四个盲人摸到了大象的鼻子说："哈哈，你们摸的都不对，原来大象就是一根大粗绳子嘛！"

第五个盲人摸到了大象的耳朵说："兄弟们，你们都错了，难道说我们的眼睛不管用了，手也不好用了吗？大象就像个大蒲扇一样，怎么说像这像那。幸亏我又摸了摸，要不，说出去多丢人呀！"

他们仍然争论不休，都指责别人说得不对。这时，一位小朋友走过来，很有礼貌地说："各位叔叔，我劝你们都不要争啦！你们说得都对又都不对，因为你们只是摸到了大象的一个部位，并没有摸遍大象的全身呀！要说大象是个啥样子，把你们五个人摸到的感觉加起来就对啦！"

听了小朋友的话，五个盲人都面红耳赤，再也不吭声了。

盲人摸象：比喻看问题片面，以偏概全。

[例句] 对任何事物的看法都应该全面一些，不能像盲人摸象那样以偏概全。

猫鼠同眠 (mián)

黑猫警长可威武了。

它穿着一身漂亮的警服，留着八字胡，戴着一副宽边墨镜，扎着武装带，腰里挎着匣子枪，手上戴着雪白的手套，挂着根文明棍儿在老鼠洞周围走来走去，例行公事地巡逻，把老鼠们吓得不敢露面儿。

老鼠洞里储存的粮食快要吃完了，老鼠妈妈焦急万分，这可怎么办呢？它一拍脑袋，想出了一个鬼主意，对小老鼠们说："今天晚上，你们趁黑猫警长睡觉的时候，溜出洞去给我访一访，看看这位警长有什么毛病和爱好。"

半夜之后，小老鼠们回来报告说："这位警长最大的毛病就是嘴馋，爱喝酒吃鱼。"

老鼠妈妈一听，乐了："好！你们赶快出去给我偷瓶好酒、偷条好鱼来。再给黑猫警长送张请柬去。"

第二天傍晚，黑猫警长大摇大摆地朝着老鼠洞走来。

蹲在门口站岗的小老鼠急忙回去报告说："妈妈，妈妈，黑猫警长可能要来抓我们啦！"

老鼠妈妈不紧不慢地说："黑猫警长有什么了不起的，能把你吓成这个熊样子！有我在怕什么！它肯定是来喝酒的。"

老鼠妈妈给自己壮了壮胆，走出了洞口，对黑猫警长说："哎呀呀，我的警长大人呀，这可真是贵客临门呀，我们盼星星盼月亮，总算把您给盼来了。"

黑猫警长双手一背，大大咧咧地说："你少给我来这一套！我今天只是登门看看而已！"

老鼠妈妈点头哈腰地说："警长大人能光临寒舍，是我们三生有幸

呀！请、请、请！"说着，老鼠妈妈把黑猫警长让进洞里，请进了客厅。

老鼠妈妈说："小的们，开始上酒上菜吧！"

"好哩！"小老鼠们送上一条大鲤鱼和一瓶茅台酒。

黑猫警长一看见鱼和酒，脸上立刻有了喜色。

老鼠妈妈又说："别给我站在一边愣着，还不快给警长大人敬酒！"小老鼠纷纷给警长举杯敬酒。

几杯酒下肚之后，黑猫警长说话就有点结巴了："别—别—别斟了，我—我——我还得、得、得去巡逻——逻、逻、呢！"

老鼠妈妈说："咱们以后就是朋友了，还去巡个什么逻呢？"

"那、那、那——那我也得、得、得——得回、回、回家去睡、睡、睡觉呀！"

老鼠妈妈说："这里有地方睡觉，你尽管放开肚量喝吧！"

一会儿，黑猫警长就喝得烂醉如泥，呼噜呼噜地睡了过去。

老鼠妈妈把手一挥说："小的们，赶快出去偷粮食吧，再也不用害怕这个傻黑猫了！"

猫鼠同眠：眠：睡。猫和老鼠睡在一起。这个成语比喻官吏失职，包庇下属干坏事。也比喻上下狼狈为奸，一起干坏事。

盲人瞎(xiā)马

一个盲人听说"老马识途"，就把用了多年的竹竿扔掉了，到集市上去买了匹老马骑。那马贩子也太可恶了，竟然欺负一个残疾人，把一匹瞎了眼的马当成好马卖给了他。

盲人骑着瞎马来到了一个十字路口。红灯亮了，所有的车辆行人都停了下来，那匹马却驮着他照样往前走。警察叔叔一个劲地打手势让他停下，他却什么也不知道。最后，警察气呼呼地把他从马上拉下来，训斥了一顿，他才晓得违反了交通规则。见他是个盲人，警察叔叔也没有难为他，只是语重心长地告诫他，千万不要在公路上骑马。

他点头哈腰认个错走了。可是，离开了十字路口后，他又跨上了马背。这时，迎面开来了一辆大卡车，司机叔叔连续不断地按喇叭，这匹马却不知道躲让，幸亏及时刹车，才避免了一场车祸。司机叔叔气得火冒三丈，跳下驾驶室，真想揍他一顿。一看是个盲人，也原谅了他，并告诉他，这是一匹老瞎马，盲人骑瞎马那是有生命危险的。

盲人没有接受教训，他仍然固执地骑着马往前走。走着走着，这匹马不知不觉地离开了公路，朝着一座大水库走去。要不是被一群小朋友拦住，那后果是不堪设想的。

盲人终于听从了孩子们的劝告，又重新拿起竹竿探路了。

盲人瞎马：盲人骑着瞎马，比喻乱闯瞎撞，非常危险。

[**例句**] 妈妈嘱咐说："宝宝，你还小，自个儿上街去玩，可不要盲人瞎马地乱闯呀！"

牛鼎(dǐng)烹(pēng)鸡

大灰狼偷来了一只小鸡，它请来了邻居老狐狸一块品尝。

老狐狸说："大哥，吃生鸡一点味道都没有，咱们还是煮着吃吧！"

大灰狼说："我家里只有一口用来煮一头整牛的大锅，用它来煮小鸡怕不行吧？"

老狐狸说："行啊，行啊，锅大了烧的鸡汤多嘛！"

大灰狼说："好吧，我去背柴火，那就劳驾你去挑水吧！"

老狐狸挑了十担水，倒进锅里才把锅底盖住了。它又挑了二十担水，这才淹没了半个鸡。"就这样吧！"老狐狸累得大口大口地直喘粗气。

大灰狼背来的一大堆柴火全部烧光了，锅里的水连一丝热气都没有。它和老狐狸又各去背来了一大堆柴火，整整忙了一天一夜，才把锅里的水烧开。大灰狼家里只有十包成盐、三包味精，全部倒进锅里，一尝，不用说鸡烂糊糊的没有味儿，就是汤也跟喝白开水一样淡而无味。

大灰狼吼道："狐狸精、狐狸精，都说你聪明，其实最愚笨。我说用这样的大锅煮鸡不行，你偏说行，这不是成心浪费我家的东西吗？"

老狐狸一见朋友生气了，再说鸡也不好吃，汤也不好喝，赶紧夹着尾巴溜走了。

牛鼎烹鸡：牛鼎：盛牛之鼎，古代能容纳全牛的大型煮食器；烹：煮。用煮一整头牛的大锅煮一只鸡。比喻大材小用。

[例句] 他们让一个科学家去烧锅炉，真好比牛鼎烹鸡呀。

蚍蜉 (pífú) 撼 (hàn) 树

蚂蚁大王率领二三万只大蚂蚁，来到一棵大树下，对众蚂蚁说："小的们，在动物世界里，我们一直是被人瞧不起的小不点儿。今天，我们要显示一下自己的巨大力量，把这棵大树摇晃摇晃。"

一只大蚂蚁走上前来劝道："尊敬的大王，我们蚂蚁家族虽然有啃掉硬骨头的精神，也有溃堤千里之本领，但那靠的是慢功夫。俗话说得好，'只要功夫深，铁棒也能磨成针嘛'。然而，摇晃动这棵大树却不是我们所具有的力量，请大王三思而行。"

大王勃然大怒："你这个畜生，竟敢在众人面前顶撞本大王，给我立即把它处死。"

几只蚁兵上来，几口就把这只敢于说真话的大蚂蚁咬死了。

大王说："我们蚂蚁家族是无所不能的，现在就开始摇这棵大树！"

　　蚂蚁们纷纷爬到树干上，一齐喊着："一、二摇呀！一、二摇呀！"可是，摇了半天，大树一点也不动。

　　大王又派一只蚁兵回去搬来了三万大军，五六万只蚂蚁一齐用力摇晃，也没有摇动这棵大树。

　　这时，一阵微风吹来，树枝晃了几晃。大王说："你们看，这不是摇动了嘛！本大王说话从来都是算数的。"

　　可是，蚂蚁们并没有为此欢呼。因为它们心中明白，那是风的力量呀！

　　蚍蜉撼树：蚍蜉：大蚂蚁；撼：摇动。蚂蚁想摇动大树。比喻力量很小而妄想动摇强大的事物，不自量力。

骑虎难下

小光光年龄虽小，胆量却很大，也很顽皮。他骑过马，骑过驴，骑过牛，也骑过羊和狗等，就是没有骑过老虎。他异想天开地说："我非要骑在老虎背上玩玩不可。"

说干就干。这一天，他躲在一棵树上，等待着老虎打这里路过。

一会儿，一只大老虎来到了树底下，小光光抓住时机，猛地从树上跳下来，正好骑在了老虎背上。

老虎见一个小孩子竟敢骑在自己的背上，暴跳如雷。可是，无论它怎么跳，怎么甩，也没有把小光光从背上甩下来。

"好啊，我把你驮回山洞去，让我的孩子们美餐一顿。"老虎想到这里，便朝着老虎洞的方向，拔腿就跑开了。

小光光一开始很得意，现在却有点害怕了。他想从老虎背上跳下来，可是老虎越跑越快，根本无法跳下来。就是能跳下来，不摔死也要摔个半死被老虎吃掉的。

怎么办？怎么办？这不是自讨苦吃嘛！小光光后悔万分。在这危急关头，一位猎人骑马飞奔而来，一把将他从虎背上拽了下来。老虎吓得落荒而逃。

从此，小光光再也不敢去骑老虎玩了。

骑虎难下： 骑在老虎身上，不把老虎打死就不能半途下来。这个成语比喻做事遇到困难，但中途停顿又会造成重大损失，干也不是，不干也不是，因而只能硬着头皮干下去。

[**例句**] 这件事已经到了骑虎难下的地步了，不干是不行了。

千里之堤，溃 (kuì) 于蚁穴

蚂蚁大王率领着它的数万大军，到处寻找安家的地方。这天，它们来到一条千里长的大堤上。大王高兴地说："这个地方不错嘛！

有山有水又朝阳，咱们就在这里挖洞安家吧！"

一个蚂蚁说："大王，这是用来防水的大堤。咱们在这上面一挖洞，天长日久，土质松散了，容易崩溃呀！咱们不替人类着想，也要给自己考虑得远一点呀！"

大王把眼一瞪说："胡说！一个小小的蚂蚁洞能把千里之堤崩溃了，你这骗人的鬼话谁会相信呢？就在这里给我挖洞安家！"

蚂蚁们只好服从大王的命令，在大堤上挖好洞，安下了家。一年过去了，两年过去了，第三年夏天，这条千里之长的大堤，终因一个蚂蚁洞而被洪水冲垮了。蚂蚁们也被淹死在大水中。

千里之堤，溃于蚁穴：溃：溃决，被大水冲破堤防；蚁穴：蚂蚁洞。千里长的大堤，由于一个小小的蚂蚁洞而崩溃。比喻小事或小处不注意就会酿成大祸或造成严重损失。

[例句] 千里之堤，溃于蚁穴，要想做一个好孩子，就要处处严格要求自己，决不能姑息迁就小错儿。

黔 (qián) 驴技穷

唐代的柳宗元在《柳河东集·黔之驴》里讲了这样一个故事：

很早很早以前，贵州那个地方没有驴。有人用船运去一头。没有什么地方可使用，就把它放在山下牧养。

一天，老虎碰到这头驴，见它长得又高又大，以为是神，就躲在树林里偷偷地观看它。见没有什么异常动静，老虎又壮了壮胆子，慢慢地走出树林，小心翼翼地向它靠近试探，却始终也弄不清它是个什么东西。

这一天，驴子突然张开大嘴，朝着天空"噢啊、噢啊"地叫唤了几声。老虎从来没有听过这种声音，认为驴子可能要吃自己了，害怕得不得了，赶紧逃得远远的。

然而，老虎不死心，又返回来仔细端详驴子。觉得它也没有什么特别本领，叫唤的声音也不怎么令人害怕。于是，老虎就靠近它，戏弄它。驴子发起了脾气，两头乱蹦，只会用蹄子踢老虎，而且踢得也不是多么痛。老虎心中有数了："噢，这家伙就是这么一点小本事呀！"

这时候，老虎一点也不害怕了，它跳跃起来，大吼一声，向驴子猛扑过去，没费什么事儿，就咬断了驴的喉咙，美美地吃了驴肉，然后高兴地离开。

黔驴技穷：黔：指今贵州省；穷：尽，完。这个成语比喻有限的一点儿本领已经使完了。

[例句] 敌人在我军的强大攻势之下，黔驴技穷，一筹莫展。

如狼牧羊

　　有一户人家养了一大群羊。在这群羊中有一只老山羊很有威望，小羊们都听它的话。老山羊每天领着羊群到山坡上吃青草，吃饱之后就领着羊群回到家中，一只羊也没丢过。主人非常放心，不用派人专门放牧，也都长得膘肥体壮。

　　这件事儿传到老狼的耳朵里，它打起了坏主意。有一天，小羊们都在山坡上吃草，老山羊吃饱之后躺在山沟里睡觉。老狼悄悄地走了过来，一口把老山羊咬死了。它吃了老山羊的肉，喝了老山羊的血，然后，披上老山羊的皮，扮成老山羊的模样。从此，小羊们就开始遭殃了。

　　主人突然发现，"老山羊"越来越胖，小羊们却越来越瘦了，而且小羊的只数天天都在减少。这是怎么一回事呢？这一天，主人等羊群走出家门之后，悄悄地跟在后面观看。只见羊群来到一个山坡上，不管有草没有草，"老山羊"命令大家在这里低头吃草。它叼起一只小羊就走了。走到山坡的另一面，就迫不及待地吃小羊。主人一见惊呆了："披着羊皮的狼多么可恶呀！"但是，聪明的主人没有吭声就回家了。

到了晚上十二点钟，主人见老狼睡着了，拿着菜刀来到羊圈，一刀砍下去，把老狼杀死了。

如狼牧羊：像狼牧羊那样没有好心肠，旧时比喻酷吏欺压人民。

如牛负重

　　小明明家中饲养了许多动物，他最喜欢的就是牛。不信你就去观察一下吧！

　　小白羊见了人就说："小羊乖乖，小羊乖乖。"好像谁也不如它听话似的。

　　小母鸡下了一个蛋，就咯咯哒、咯咯哒地叫个不停，生怕别人不知道。

　　小公鸡天还没亮，就扯着个大嗓门唱了起来，好像这个世界就它唱得好听。

　　小黑狗见了生人就"汪汪"叫个不停，见了熟人就摇头摆尾，一点也不懂礼貌，也没有一点骨气。

　　小花猫捉住一只老鼠，就"猫美、猫美"地赞扬自己一番，它不知道这是自己应该做的事情。

小猪吃饱喝足后就"呼呼"睡大觉，从不知道用脑子想个问题。

牛则不同了。它既要拉车、犁地，还要驮东西，无论干什么活儿，也无论干多少活儿，从不挑挑拣拣，从不沾沾自喜。人家不吭声，只知道干活儿，干累了就躺在地上休息休息，然后再干。牛干了那么多脏活、重活，吃的却是草料。小明明每天早晨喝的一瓶牛奶，都是从牛身上挤的呀！

小朋友们，你喜欢哪种动物呢？

如牛负重：像牛一样负担着沉重的东西。比喻负担特别重。

杀鸡取蛋

　　小东东家中养了一只老母鸡，特别能下蛋，有时一天能下两个蛋。不用到集上去买，东东每天早上也能吃上一个荷包蛋。

　　有一天，东东盯着正在吃食的这只老母鸡问道："你肚子里到底有多少个鸡蛋呀？"

　　老母鸡摇了摇头。

　　"噢，无数个。"东东又问："那你为什么不一次下完呢？"

　　老母鸡低着头吃食不再理睬他。

　　东东说："你一天下一个、两个太慢了，我把你杀掉，就可以一次得到无数个鸡蛋。这样，一天可以吃上好几个鸡蛋。"

　　说着，东东就捉住这只老母鸡把它杀了，剖开肚子一看，里面只有一只将要生下的软皮蛋，其余都是些没有成蛋的卵。

　　东东后悔了。现在鸡没有了，再也吃不上新鲜鸡蛋了。

　　杀鸡取蛋：比喻贪图眼前微小的好处而损害长久的利益。

杀鸡骇 (hài) 猴

　　王大伯家中养了一只小猴。这只猴子非常调皮。有一天，它趁王大伯不在家，把家中的锅、碗、瓢、盆打了个稀巴烂。王大伯回到家中一看气极了，拿起鞭子就要教训它。

　　可是，猴子眼尖手快，特别机灵，见主人恼了，嗖嗖嗖，几下子就爬到院中的一棵大树上，任凭王大伯怎么喊、怎么哄，它就是不肯下来。

　　怎么办呢？王大伯想出了一个好主意。他捉来一只小公鸡，给猴子看了看，然后一刀把鸡头割了下来，鸡脖子喷出了鲜红的血。猴子见到这个场面吓坏了，它双手抱着头，从树上跳下来，乖乖地接受主人的惩罚。

　　杀鸡骇猴： 比喻惩罚一个人来吓唬另外的许多人。

守株待兔

《韩非子·五蠹》里讲了这样一个故事：

宋国有个耕田的人，他的田地里有个树墩子。有一天，一只兔子跑了过来，恰巧碰在树墩子上，撞断脖子死了。这位农夫毫不费力

地捡到了这只死兔子，高兴极了，他想："天底下竟有这般好事，我何不在此守候呢？"

于是，他放下手中的农具，天天守候在树墩子旁边，希望再得到一只死兔子。可是，时间一天天过去了，庄稼都荒了，颗粒未收，兔子却再也没有得到，他自己却成了宋国人的笑柄。

小朋友，你们说这位农夫错在哪里呢？他错就错在把碰巧的事儿，当成必然发生的，一心一意地期待着这种巧遇再次发生，妄想不劳而获。其结果必然是毫无所得，被人耻笑。

守株待兔：株：露在地面上的树墩子。比喻死守狭隘经验或妄想不经过主观努力而侥幸得到成功。

螳臂 (bì) 当车

　　螳螂 (tángláng) 的两条前腿，就像两把大刀似的，它在昆虫世界里被称为"大刀将军"，又因为它的臂力过人，被誉为"举重冠军"。无论多么厚的树叶子，它稍微一捅就破了，它要吃什么东西，把大刀似的前腿伸出去一夹就举了过来，就连谁的手指头不小心被它夹住了，也要"哎哟、哎哟"地喊几声痛哩。螳螂吃饱喝足之后，玩起"单杠"和"双杠"来更是没说的了。

　　在一片赞扬声中，螳螂开始目空一切了。

　　有一天，它路过一条火车道，见一列火车轰轰隆隆地从西面开了过来，感到挺好玩的，站在路中央不走了。路边的蚂蚁焦急地喊道："螳大哥快走开，火车会把你轧成肉饼的"。

　　螳螂满不在乎地说："哈哈，谁不知道我老螳的前腿最厉害，今天，我要把火车挡住，让你们开开眼界。"

　　螳螂迎着火车，伸开了两条长而有力的前腿，火车风驰电掣般地开了过来，强大的气流把螳螂不知卷到什么地方去了。待火车跑过之后，蚂蚁们四下寻找，也没找到螳螂的尸体。

　　螳臂当车：螳臂：螳螂的前腿。螳螂举起前腿妄想挡住前进中的车子，比喻自不量力。

螳螂 (tángláng) 捕蝉 (bǔchán)

黄雀在后

夏天的一个中午，一只大知了在树上"知了、知了"地叫个不停。螳螂在茂密的树叶掩护下，正在悄悄地向猎物爬去。

螳螂目不转睛地盯着知了，动作十分轻巧敏捷，生

怕发出一点响动，把到了嘴边的这块肥肉惊飞了。可是，螳螂也太粗心大意了，它一心想着吃知了，顾不上回过头去看，一只黄雀正在盯着自己呢！

螳螂与知了的距离越来越近了。螳螂高兴极了，似乎已经闻到了知了的肉香，它心想，你小子快唱上几句吧，一会儿就要到我的肚子里去旅行了。正当螳螂伸出前腿去夹知了的时候，黄雀冷不防飞来了，把它一口啄走了。

知了被惊飞了，口中喊道："活该！活该！"

螳螂捕蝉，黄雀在后：螳螂捕捉知了，却不知黄雀在后面等着啄它自己。比喻目光短浅，一心图谋侵害别人，却不知道有人正在算计他。《吴越春秋》上说："螳螂捕蝉，志在有利，不知黄雀在后啄之。"

屠 (tú) 龙之技

《庄子·列御寇》讲了这样一个故事：

有个叫朱泙漫的人长大后想学一门技术。学什么技术好呢？他自己拿不定主意。

学杀猪吧？"杀猪的名声不好听。"

学杀羊杀鸡吧？"咳！谁不会杀羊杀鸡呀，这还用学吗？"

学盖房子吧？"这活儿太苦太累了。"

那就学理发吧？"伺候人的活儿，我才不干呢。"

你到底要学一门什么技术呢？"我呀，我要学一门既高雅又轻松，伟大而不平凡的技术。"

后来，他听说有个叫支离益的人会杀龙，就跟着他去学杀龙技术。朱泙漫花尽了值千金的家资，用了三年时间，把杀龙技术学到手了。可是，由于无龙可杀，他的本领也毫无用处。

　　小朋友们，你们谁见过真龙呀？龙，这是咱们祖先想象出来的一种动物。既然世界上没有真龙存在，学会杀龙技术，又有什么用处呢？

　　屠龙之技：屠：宰杀。比喻技术虽高，但不实用。

兔死狗烹

小多多养了一条猎狗。

他对这条狗可好啦，每天都给它肉和馒头吃，就连妈妈给他买的饼干、巧克力，自己也舍不得吃，都用来喂了狗。小狗吃了好东西，长得膘肥体壮，非常听话、可爱，自认为碰到了一位好主人。

这一天，小多多领着猎狗到山上去玩，见到一只兔子。多多用手一指说："给我抓住它！"猎狗听到命令立即出击，几分钟后，就把一只死兔子叼到了主人面前。

猎狗替主人捉到了兔子，摇头摆尾地围着主人转，认为主人肯定会奖赏它一大块肉吃。可是，做梦也没想到，主人把绳索套在了它的脖子上，把它勒死了，拖回家去煮着吃了。

邻居朋友问多多："这么好的一条猎狗，你怎么舍得把它杀了呢？"

　　多多毫不可惜地说："我养狗的目的非常明确，就是要让它给我捉到一只兔子。现在兔子捉到了，我还养活着它干啥呢？"

　　兔死狗烹：烹：烧煮食物。兔子死了，猎狗也就可以煮着吃了。比喻给帝王效劳尽力的人，事成后往往会被抛弃以至杀害。此语出自《史记·越王勾践世家》："飞鸟尽，良弓藏，狡兔死，走狗烹。"

兔死狐悲

小白兔被猎人打伤后，找不到医生给它打针吃药，不久，就死在自己的窝里。

狐狸见小白兔死了，伤心地哭了起来。

正在吃草的小羊听见哭声，走过来问道："狐狸姐姐，你哭什么呀！"

狐狸说："小白兔死了，我难过呀！"

小羊不解地问："你的心肠这么善良，为什么小白兔活着的时候，你常常欺负它呢？"

狐狸抹了一把眼泪说："羊老弟，我那是与它闹着玩的。"

小羊说："我从来没见过这样的玩儿法，给人家小白兔身上撕下一块皮来。"

狐狸说："是呀、是呀，那天我是饿昏了头，确实想吃小白兔。不过，今天，我实在是替小白兔难过呀，它毕竟也是我们的好朋友啊！再说，小白兔死得太惨了，说不定到了哪一天，我们也会得到这样的下场哩！你说我能不伤心吗？"

"呜——"，狐狸说完后又放声哭了起来。

兔死狐悲： 兔子死了，狐狸感到悲伤。比喻因同类的死亡或失败而感到悲伤。现多用于贬义。

叶 (yè) 公好龙

汉代的刘向在《新序·杂事五》里说了这样一个故事：

春秋时楚国有个人称叶公的贵族，名子高，他非常喜欢龙。他家里所有需要雕刻的地方就用钩刀、凿子刻上龙，房屋里也都雕刻着

龙的花纹。天上的龙听说了这件事后，心中大喜，就下降到叶公的家里去看个究竟：龙把头伸进窗户里来探望，长长的龙尾伸展在堂屋里。叶公看到这条龙后，急忙掉头就跑，吓得魂飞魄散，面无人色。龙哈哈一笑说："原来，叶公不是真喜欢龙，他喜欢的是那种看起来像龙，实际上又不是龙的东西。"

叶公好龙：这个成语是说，叶公爱的是那些假龙，一旦真龙来了，他就吓跑了。有的人口头上表示爱某种事物，实际上并不是如此，就如同叶公好龙一个样子。

吴牛喘月

　　江淮一带的夏天非常炎热，白天的时间又特别长。火红的太阳挂在空中，金光四射，烤得人眼睛睁不开，整个大地像个蒸笼似的，到处都热气腾腾的。洗衣服的肥皂放在地上，一会儿就被晒化了；小朋友光着脚丫子在地上跑，被烫得嗷嗷直叫；连水田里的水都是热乎乎的，水牛在田里耕作，上面晒，下面蒸，浑身都被汗水湿透了，像刚从水里捞出来似的，大口大口地喘粗气。水牛吃够了热的苦头，它心中最害怕的就是太阳，一见到太阳就吓得喘粗气。

　　好不容易盼到太阳落山了，水牛也该回家吃饭了。这时候，天气凉快了，水牛觉得舒服多了，它哞哞地唱着歌儿往家中走去。走着走着，水牛一抬头，见东方地平线上升起一轮圆圆的月亮，它误认为又是太阳，便卧在地上大口大口地喘起了粗气。

吴牛喘月：吴牛：江淮一带的水牛。吴地炎热，水牛怕热，见到月亮以为是太阳，就喘起气来。比喻因疑心而害怕，也比喻人因过分惧怕，而失去判断力，还形容天气酷热。

[例句] 这是根草绳不是条蛇，你别吴牛喘月了。

梧(wú)鼠技穷

梧鼠能飞、能爬、能游又能走。它仗着自己有五样小本事，对谁都瞧不起。

它瞧不起小鸟，说小鸟只会飞；

它瞧不起蚂蚁，说蚂蚁光会爬；

它瞧不起小鸭子，说小鸭子只会游泳；

它瞧不起小老鼠，说小老鼠光会打洞；

它也瞧不起小兔子，说小兔子只会跑跑、跳跳而已。

梧鼠不知天高地厚，竟然敢说这样的大话："老虎有什么了不起，它不就是力气大一点吗？"

这话传到老虎的耳朵里，可把老虎气坏了。有一天，老虎把梧鼠叫了去狠狠地训了一顿。

老虎说："你今天瞧不起这个，明天又瞧不起那个，我认为，在动物界里，谁都比你强！你虽然有五技，但哪一样也不精。你能飞，却飞得不如屋顶高；你能爬，却爬不到一棵树顶；你能游，却连一条小河都游不过去；你能打洞，打的洞却藏不住自己的身体；你能走，却连小孩子都走不过。你说你能干什么？你是个什么都不会的大笨蛋！"

梧鼠被老虎臭骂了一顿，再也不敢骄傲了。它决心抓住一个方面的技能学精学通，不再样样都学，样样都不如人家了。

梧鼠技穷：梧鼠：原作鼫鼠，讹写作鸓后又讹作"梧鼠"，其实就是蝼蛄；穷：窘困。比喻技能有限。

燕雀安知鸿鹄 (hónghú) 之志

天鹅穿着一身洁白如雪的衣服，在蓝天上飞翔。它飞过戈壁沙漠，飞过荒山野岭，飞过江河湖泊，飞过汪洋大海。它飞呀飞呀，辛勤的汗水冲刷掉旅途中的灰尘，它身上总是那么干干净净、漂漂亮亮的；搏击长空练就了一身过硬本领，无论多么恶劣的气候，它都可以在空中自如飞翔。它飞遍了世界的各个角落，知道好多好多事情，男女老少都喜欢它，就连丑小鸭也总想着有一天能变成一只美丽的小天鹅。

可是，小燕子却看不起天鹅。它说："天鹅是个大傻瓜。成天飞来飞去的多劳累呀！你看看我，在人家屋檐 (yán) 下筑个窝，风吹不着，雨淋不着，太阳晒不着，舒舒服服地过一辈子多美呀！"

小麻雀也瞧不起天鹅。它说："天鹅是自讨苦吃！老老实实地待在一个地方多好呀！我在这个地方住了三年啦，有吃有喝，知足常乐，飞到哪个地方能有这般福气呀！"

它们的话被老鹰听到了。老鹰哈哈大笑说："小小燕雀，说出这样的话来也不知道害羞！你们那狭隘的心胸，怎么能知道人家天鹅的志向呢？"

燕子和麻雀听了老鹰的话，脸红了，再也不叽叽喳喳地乱说了。

燕雀安知鸿鹄之志：安：哪里；鸿鹄：由鲲 (kūn)（一种大鱼）变成的大鹏 (péng)，故事里用天鹅代替。燕子和麻雀哪里知道天鹅的志向。比喻见识短浅的人不能了解英雄的远大志向。

[例句] 军军生气地说："燕雀安知鸿鹄之志，我用功念书仅仅是为了考大学吗？"

羊质虎皮

老狼披着羊皮混进羊圈吃了几只小羊，羊妈妈悲痛地哭了起来。

小羊说："妈妈，你不要伤心了。狼能披着羊皮来吃我的兄弟，我也要披着老虎皮去吃它！"

妈妈说："你这是小孩子的想法，一点用处也没有。狼无论披上什么皮，它都是要吃肉的；咱们披上什么皮也是吃草的，它与我们有本质上的区别，你可不要去干这种傻事呀！"

小羊虽然点了点头，但心里却不服气儿。它想，妈妈太老实了，狼来吃我的兄弟，我们为什么不能去吃它呢？

一天，羊妈妈不在家，小羊找来一张老虎皮披在身上，到山里去找老狼算账。到了山上，见到肥美的青草，小羊高兴极了，大口大口地吃了起来。正吃着，老狼来了，小羊吓得浑身发抖。

老狼一看是只大老虎，吓得掉头就要跑。可是，再回头一瞧，不对劲呀！老虎见了我老狼，从来不害怕的，怎么这只老虎发抖呢？老狼壮了壮胆子，凑到跟前一看，原来是一只披着虎皮的羊呀。老狼跳了起来。一口把小羊咬死了。

羊质虎皮： 质：本性。本来是羊，只是披上老虎的皮，怯弱的本性仍然没变。比喻外表吓人但实际上无用。

讲一个动物故事
学一个成语典故

——童话成语——

（下册）

张志荣 主编

人民出版社

讲一个动物故事
学一个成语典故——童话成语

引狼入室

小狗今天过生日。狼想去凑个热闹混顿饭吃，但不知道小狗的家住在哪里，小猫拿着一条鱼前去祝贺，半路上遇到狼。

狼说："猫老弟你好呀！拿着一条鲜鱼干什么去呀？"

小猫说："我去给小狗过生日。"

狼说："你把我也领着去吧。"小猫说："你又不是小狗的朋友，我才不领你去呢！"说完，小猫就跑了。

小羊拿着一束鲜花来了。

狼说："羊老弟，干什么去呀？"

小羊说："我给小狗过生日去。"

狼说："求求你，让我也跟着去吧？"

小羊说："不行，不行！小狗讨厌你！"说完，小羊就跑了。

小鸡拿着几个馒头来了，一见到狼，吓得绕道跑了。

小兔子拿着一个萝卜来了。

狼说:"兔老弟,你干什么去呀?"

小兔说:"我给小狗过生日去。你呢?"

狼说:"我也去给小狗过生日去。"

"小狗请你去了吗?"小兔疑问道。

"当然啦!我们是最好的朋友,它怎么能不请我去呢?"狼一本正经地说。

小兔半信半疑地说:"那咱们就一块走吧,我给大哥带路。"

小兔子领着狼来到小狗家里,狼把小狗过生日的东西全部吃光了,临走时还把小鸡给叼走了。

小兔子后悔极了,它深深地感到对不起朋友们。

引狼入室:引:招引。把狼招引到家里来。比喻引进坏人。

[**例句**] 把钥匙交给小偷儿,那不是引狼入室吗?

与虎谋皮

这个成语本作"与狐谋皮"。《太平御览》讲了这样一个故事。

古代周朝有个人特别喜欢皮衣和精美的食品，他想要缝制一件千金狐裘，便去和狐狸商量要剥下它的皮来；他想杀一只羊当作祭品，又去和羊商量要它的肉。可是，话还没有说完，狐狸一个跟着一个都逃窜到深山里去了，羊也都一个叫着一个躲藏到密林中去了。因此，这个周人十年没有制成一件皮衣，五年没有弄到一只祭羊。这是什么原因呢？因为他的做法根本不对头啊！

小朋友们，你们想一想，这位周人跟狐狸商量要扒它的皮，与羊协商要吃它的肉，实际上是要它们的命呀，这怎么能行得通呢？这是一种愚蠢可笑的做法。后来这个故事就成了"与狐谋皮"的成语，比喻所商量的事与对方有利害冲突，是根本不可能办到的。后来多指跟恶人商量，要它们牺牲自己的利益，一定行不通。

[例句] 要求坏人不再做坏事，等于是与虎谋皮。

鹦鹉（yīngwǔ）学舌

　　红红家里养着一只鹦鹉，红红说什么话，它就说什么话，而且学得声音跟红红一模一样。它非常骄傲，感到自己是世界上最好的鸟儿。

　　红红说："妈妈，我肚子饿了。"

　　鹦鹉也说："妈妈，我肚子饿了。"

　　红红说："妈妈，我上学去了，再见！"

　　鹦鹉也说："妈妈，我上学去了，再见！"

　　红红说："妈妈，牙痛，牙痛！"

　　鹦鹉也说："妈妈，牙痛，牙痛！"

　　红红见自己说什么，鹦鹉就说什么，非常烦恼，生气地骂道："鹦鹉不要脸，鹦鹉是个大坏蛋！"

　　鹦鹉不知道红红是在骂自己，也跟着说："鹦鹉不要脸，鹦鹉是个大坏蛋！"

正在院子里鸣叫的蝉听到后，哈哈大笑起来。

鹦鹉说："烦人的蝉，人们最不愿听你的叫唤，你还有脸笑话我？"

蝉说："是呀，我说话的声音是不好听。可是，总比你强一些。人家说什么你就说什么，自己不懂的话也跟着瞎说，有什么意思呢？还不如什么话都不会说好呢。"

鹦鹉听了这些话，惭愧得低下了头，再也不吭声了。

鹦鹉学舌： 鹦鹉：一种能学人发音的鸟。鹦鹉学人讲话。比喻人家怎么说，自己也跟着怎么说，不解其意。

[例句] 不要像鹦鹉学舌那样，人云亦云，拾人牙慧。

鹬蚌 (yùbàng) 相争，渔翁得利

今天太阳出来，真暖和呀。蚌爬到岸上，张开小口，躺在沙滩上晒太阳。鹬悄悄地走了过来，把长长的嘴伸进蚌的口里啄其肉吃。蚌被啄得"哎哟"一声，赶紧把口合了起来，死死地夹住了鹬的嘴。双方忍着疼痛都不求饶，谁也不松口。

鹬说："今天不下雨，明天不下雨，你就得死去。"

蚌说："今天不放你，明天不放你，你也会死去的。"

它们两个互相争持，谁也不肯先放了对方。这时，打鱼的老爷爷走了过来，把它俩一块捉住了。

鹬蚌相争，渔翁得利：鹬：一种长嘴的水鸟。鹬蚌互不相让，老渔翁正好把它们一起提了，比喻双方相持不下，结果两败俱伤，让第三者从中得利。

[例句] 团结为重，咱可不能干这种鹬蚌相争，渔翁得利的蠢事。

缘 (yuán) 木求鱼

　　小猫好不容易钓了一条小鱼，被狐狸骗去吃了。小猫非常气愤，它想，我一定要想个好办法，把狐狸也骗一下。

　　有一天，小猫在河边钓了两条鱼，它爬到树上把其中的一条藏在树洞里，另一条则拿在手里。见狐狸走过来了，小猫拿着一条鱼从树上爬了下来，坐在树底下津津有味地吃着。

　　狐狸见小猫吃鱼，馋得直流口水，对小猫说："好弟弟，请你告诉我，你在什么地方找的鱼呀？"

　　小猫说："你太坏了，我不告诉你！"

　　狐狸说："求求猫老弟，告诉我吧，我再也不做坏事了。"

　　小猫说："好吧，我告诉你，就在这棵树上找的。"

　　狐狸说："我不信，树上怎么能有鱼呢？"

　　小猫说："怪不得人家都跟我讲，狡猾的狐狸交不得朋友哩。我

不告诉你吧，你求我告诉你，现在告诉你了，你又不相信。既然这样，我再到树上找条鱼给你看看，眼见为实。"说着，小猫爬到树上把事先藏好的那条鱼拿了下来。

这下子狐狸相信了。它爬到树上去找鱼。可是，找了半天也没找到。

小猫说："往上爬，最上面的那个树枝上有鱼。"

狐狸爬到最上面的那个小树枝上，把树枝压断了，掉下来差点摔死。

小猫高兴地跳了起来说："活该、活该！谁叫你成天骗人哩！聪明的狐狸大哥你也不想一想，鱼是生长在水里的，怎么能在树上找到呢？哈哈哈，真有趣儿。"小猫说完就跑了。

缘木求鱼：缘：攀缘。爬到树上去找鱼。比喻方向、方法错误，不可能达到目的。

对牛弹琴 (qín)

汉朝牟融作的《理惑论》讲了这样一个故事：

有个叫公明仪的人，为牛弹奏高雅的琴曲，牛像没听见一样，无动于衷，照样低着头吃青草。并不是牛没听到琴声，因为这种琴曲它根本就听不懂。后来，公明仪改变了弹法，他模仿着蚊子和苍蝇的"嗡嗡"叫声，以及小牛犊寻找母亲的悲鸣声，弹给牛听，这下子牛立刻摇摆着尾巴，竖起耳朵，踏着小步走来走去，津津有味地听了起来。

这个故事是把牛作为讽喻的对象，嘲笑它听不懂高雅的琴曲，最多也只能听听蚊虻之声。然而，那些不看对象，偏要对牛弹琴的人，不也是很可笑吗？

对牛弹琴：比喻对蠢人讲大道理白费口舌，有看不起对方的意思。现在也用来讥笑有些人说话不看对象。

水中捞月

晚上，天上布满了星星，圆圆的月亮挂在空中，像个大银盘似的，照得大地亮堂堂的。

一群猴子在水井边玩耍。一个小猴子趴在井台上往下一看，惊呼道："不好了，不好了，月亮掉在水井里了！"

老猴子过来一看，可不是嘛，月亮真的掉在井里了。这可怎么办呢？今后天上没有月亮了，到了晚上黑乎乎的，什么也看不见，叫人多害怕呀。猴子们都哭了起来。

老猴子想了想说："孩子们不要难过了，咱们手拉手搭个梯子，把月亮捞上来。"

猴子们一个扯着一个的后腿和尾巴，把一个小猴子送到井里。小猴子双手捧着水中的月亮往上一捞，月亮就碎了，一会儿又圆了，捞了半天也没捞上来，猴子们各个累得满头大汗。

　　老猴觉得不对劲儿，既然月亮掉在水井里了，怎么大地上还这样明亮呢？它抬头往上一看，啊呀，月亮还在天上嘛！

　　老猴子明白了，它喊道："孩子们不要捞了，那是月亮照在水中的影子呀！"

　　水中捞月： 比喻白费力气，做永远不能实现的事情。

校 (jiào) 人烹 (pēng) 鱼

《孟子·万章上》记载了这样一个故事：

从前，有人给春秋时代郑国的大臣、有名的政治家子产送来一条活鱼，子产让管理池塘的小官吏把它养起来。那小官吏嘴馋，竟偷偷地把鱼煮着吃了。为了推卸责任，他编了一套谎话对子产说："我刚把鱼放进水里时，它还半死不活的；过了一会儿，那鱼就摇头摆尾地活动起来了，很快它就游得无影无踪了。"子产高兴地说："到它该去的地方啦！到它该去的地方啦！"小官吏从子产那里退出来后，自言自语地说："谁说子产聪明？我已经把那条鱼煮着吃了，他还说'到它该去的地方啦！'真是一个大傻瓜！"

校人烹鱼：校人：管理池塘的小官；烹：煮。这个成语寓意是用花言巧语编造的谎言，常常容易使那些不了解实际情况的人上当受骗。但是，如果能够认真地做一番实际调查，那么，骗人的伎俩就无处施展了，你想一想，把鱼放在池塘里，它能跑到哪里去呢？

[例句] 只要大家遇事多想想，多做一些调查研究工作，校人烹鱼的伎俩是骗不了人的。

《庄子·至乐》讲了这样一个有趣的故事：

从前，有只海鸟飞落到鲁国的郊外 (鲁——周代的诸侯国，即现在的山东省西南部，国都在今山东省曲阜县)。国王亲自迎接海鸟到祖庙里饮酒，并为海鸟演奏名曲请它欣赏，摆上牛、羊、猪肉请它享用。可是，海鸟并不领情，它被这种盛大而隆重的场面吓得头晕眼花，惊恐悲伤，不敢吃一块肉，也不敢喝一杯酒，过了三天就死了。

这是用养自己的办法来养鸟，而不是用养鸟的办法来养鸟呀！

鲁侯养鸟：这个成语说明一个道理：好的愿望必须符合客观要求。为什么鲁国的国王对海鸟这样好，它却在三天之内就死去了呢？这是因为，他根本不懂得客观规律，以自己养尊处优的方式来饲养这只海鸟，结果只能适得其反。

[例句]现在当父母的都十分疼爱自己的孩子，恨不得把所有的好东西买来叫他吃；恨不得把所有的好衣服买来给他穿；恨不得把所有的文化知识都传授给他。其实，如此这般的疼爱，等于是鲁侯养鸟呀！

水蛇装神

《韩非子·说林上》讲了这样一个故事：

有个池塘干涸了，藏在这里的水蛇将要搬家。有条小蛇非常聪明，它对大蛇说："如果您在前头行走，而我在后头跟着，人们看见了，认为不过是条普通而常见的水蛇在爬行罢了，肯定会有人砸死我们的。我看倒不如您背着我走，这样，人们看见了，就会把我们当作神君来敬。"于是，大蛇背着小蛇，大摇大摆地爬过大路。人们见了，果然都躲开它们，说道："这是神君呀，千万打不得！"

小朋友，你看，明明是两条水蛇，为什么有些人却把它当作"神君"呢？就是因为被它那种装模作样、故弄玄虚的做法暂时欺骗了。这个故事，痛贬了迷信思想的可笑，世界上根本就没有什么鬼神。

水蛇装神：这个成语说明，利用人们不明真相而装神弄鬼，不过是骗人的把戏。

曾子杀猪

《韩非子·外储说左上》记载了这样一个故事，很值得做父母的读一读。

从前，有个人名叫曾子。他妻子要到集市上去买东西，她的孩子跟在后面哭哭啼啼的，非要跟着去不可。她哄着孩子说："你回家吧，等我回来给你杀猪吃。"妻子刚从集市上回到家中，曾子就要去抓猪准备杀掉它，妻子制止他说："我只不过是和小孩子说着玩罢了，何必当真呢？"曾子说："对小孩子是不能随便开玩笑的。他们年纪小不懂事，没有什么分辨能力，都是靠跟父母来学习各种事情的。他们的一言一行，都听父母的指教。现在你欺骗他，这是教着孩子学骗人呀！做母亲的欺骗孩子，孩子也就不会相信他的母亲了，这不是教育孩子的办法呀！"说完，曾子就把猪杀了，放到锅里煮给孩子吃。

曾子杀猪： 这个成语故事告诉我们：成人的言行对孩子的影响很大，做父母、师长的教育孩子要言而有信，以诚待人，不能欺骗别人。

良狗捕鼠

《吕氏春秋·士容》记载了这样一个故事：

齐国有一个善于相狗的人，他的邻居请他代为物色一只会捕老鼠的狗。过了一年，这个人才找到一只，说："这可是一只好狗呀！"

他的邻居把狗养了好几年，见其并不捕鼠，就把这件事告诉了相狗的人。相狗的人说："这是一只好狗呀，它捕的是獐、猪、鹿这类野兽，不是老鼠。如果你想让它捕鼠，就得用板子把它的脚夹起来。"他的邻居果然把狗的后腿夹起来，这狗才开始捕捉老鼠了。

良狗捕鼠：这个故事告诉我们，用人如用器，必须做到"人尽其才，物尽其用"，不能正确地使用人才，就如同要良狗去捕鼠一样！

[例句] 要良狗捕鼠，这是成心浪费人才！

爱屋及乌

　　王朋朋和张佩佩是一对亲如兄弟的好朋友。

　　一天，王朋朋与几个小伙伴们在张佩佩的门前玩捉迷藏。一个小朋友看到张佩佩的屋顶上蹲着一只大乌鸦，便从地上捡起一块小石头就要打。王朋朋看见了，大喝一声："不许打！"

　　小朋友愣了一下，不服气地说："干吗不让打，这又不是你家的！"

　　王朋朋说："你要知道，这是我朋友张佩佩家的！"

　　"哼，什么你朋友家的！这是天上飞的乌鸦，又不是你朋友家养的鸡，我偏要打！"说着，小朋友举起了拿石头的右手。

　　王朋朋生气了，他跑过去把石头夺下来说："不让打，就是不让打！我要坚决维护我朋友的东西。"

　　这时，其他小朋友都围了过来，不解地说："朋朋你也真是的，人家打乌鸦，碍你什么事呢？"

王朋朋说："我爱我的朋友，我就要爱我朋友的一切东西，包括爱护他房顶上的乌鸦。"

小朋友们都轰的一声笑了，大家拍着巴掌说："噢噢噢、噢噢噢，王朋朋爱乌鸦！王朋朋爱乌鸦！"

爱屋及乌：《尚书大传·大战》说："爱人者，兼其屋上之乌。"意思是说：爱那个人而连带地爱护停留在他屋上的乌鸦。唐代杜甫《奉赠射洪李四丈》诗中有这样一句："丈人屋上乌，人好乌亦好。"后来就用"爱屋及乌"比喻爱那个人而连带地喜爱跟他有关系的人或物。

豹死留皮

北京动物园里有一只大花豹，性格温顺，非常讨人喜欢。每到星期天、节假日，小朋友们就让爸爸妈妈领着，到动物园里去观看大花豹。它给千千万万名少年儿童带来了欢乐和笑声，许多小朋友都愿意跟他合影留念呢。

可是，世界上一切东西都会有生老病死的那一天，大花豹也不能例外。终于有一天，它老了，它病了，它死了。

小朋友们再也见不到这只大花豹了，许多小朋友来到动物园都伤心地哭了。爸爸妈妈怎么哄也哄不好。

饲养这只大花豹的阿姨说："小朋友们不要哭了。花豹虽然不在了，但它却把那身漂亮的皮子留在了人间。不信你们到皮货店里去看看，那件最华贵的皮大衣就是花豹留下的，每天都有许多阿姨、叔叔站在它跟前观赏、赞叹呢！花豹生前给我们带来欢乐，死后留下皮子，制成皮大衣，让人穿着暖和。你们说，花豹的这种精神值不值得我们学习呀？"

"值得学习！"小朋友们抹了抹眼泪，异口同声地说。

一个小女孩走上前来说："阿姨，我们要像花豹那样，活着多做些好事，死后留个好名声。"

听了小女孩的话，阿姨笑了，爸爸妈妈笑了，小朋友们也都拍手笑了。

豹死留皮：豹子死了，它却把珍贵的皮子留下了。比喻人死后留下好名声。

闭塞眼睛捉麻雀

老虎占山为王，想吃什么动物就捉什么动物吃，不用说那些小动物逃脱不了悲惨命运，就连那些大动物，如马、牛、驴、羊等等，也都常遭不幸，难以逃脱虎口。

一天，老虎大王对小老虎们说："咱们也该换换口味了。今天，你们去捉些小麻雀来吃一吃。"

小老虎们说："大王，捉只小小的麻雀不费吹灰之力，我们闭着眼睛也可以捉一箩筐来。"

老虎大王高兴地说："好，你们快去捉吧！"

树上的麻雀听到小老虎说的大话，又生气又好笑："叽叽叽，叽叽叽，小老虎真能吹大牛，你们就是睁大了眼睛，也休想捉到我们呀！"它们扑棱棱地从树上飞到地面，特意要捉弄捉弄不可一世的小老虎。

果然，小老虎们都傲慢地紧闭着双眼，朝着麻雀落下的地方走来了。等它们快要走到跟前了，小麻雀们又悄悄地飞到树上。

小老虎们拉开架式，开始扑麻雀了。只见它们东一扑，西一扑，扑来扑去，叫苦连天。有的扑在石头上，碰掉了门牙；有的扑在树杈上，刺瞎了眼睛；有的扑在树干上，碰破了头。有只小老虎扑得劲头特别大，从山顶上滚到山底下摔了个半死。它们各个扑得鼻青脸肿，血流满面。可是，连根麻雀毛也没扑到呀！

看到这个场景，小麻雀们在树上高兴地唱起了歌。

闭塞眼睛捉麻雀：比喻盲目地工作。

[例句] 无论干什么事情，都要认真对待，不能闭塞眼睛捉麻雀。

别鹤 (hè) 孤鸾 (luán)

　　星期六的晚上，各种各样的鸟儿都飞到一起来。它们要举行一年一度的百鸟联欢晚会。

　　有的鸟儿夫妻双双赴晚会；有的鸟儿领着儿孙后代来参加晚会。它们都打扮得异常漂亮，昔日各飞一方，如今凑到一块儿，心中有说不出来的高兴。它们跳啊，唱啊，说啊，笑啊，晚会开得非常热闹。在美妙动听的音乐伴奏下，有的鸟儿在谈恋爱，有的鸟儿在品尝食物，有的鸟儿在会老朋友。

　　可是，谁也没有注意到，在昏暗的大厅西北角里，有一只鹤和一只凤凰却一直闷闷不乐地坐在那里，它们不说不笑，不吃不喝，还动不动就抹眼泪呢。它们到底生什么气呢？

　　原来，男鹤刚刚结婚三天，正当它沉浸在新婚的幸福之时，万万没有想到，祸从天降，新娘被狠心的猎人打死了。看到今天这热闹的场面，它怎能不怀念死去的亲人？又怎能不伤心落泪呢？

女凤凰有一位称心如意的好丈夫，它们形影不离地到处旅行。前两天，它们落在一处山坡上休息。一个少年爬在草丛里拿着气枪向女凤凰瞄准，丈夫看见了，急忙扑在女凤凰身上。枪响了，女凤凰得救了，它丈夫却不幸中弹身亡。今天晚上，看到许多鸟儿都夫妻双双参加晚会，它心里能不难过吗？

谁说动物不懂感情？它们与我们人类一样，有着丰富的感情，知道爱，也知道恨，只不过，它们不会说话而已。希望小朋友不要再去伤害鸟儿了。

别鹤孤鸾： 别：离别；鸾：凤凰一类的鸟。失偶的鹤，孤单的鸾。比喻夫妻离散。

[例句] 小珍珍才 8 岁，她的父母就别鹤孤鸾，多可怜呀！

次非斩蛟

《吕氏春秋·知分》讲了这样一个故事：

楚国有个名叫次非的人，在干(hán)遂(今江苏吴县西北)这个地方得到一把宝剑。当他渡江回家的时候，船行到江中心，突然看到两条蛟龙夹绕在船的两旁。次非便问船上的水手说："你们曾见过有两条蛟龙夹绕着船旁，船上人还能活命的吗？"水手们说："没有见过。"次非就捋起袖子，伸出胳膊，并且撩起衣服，拔出宝剑说："这蛟不过是江中一堆臭肉烂骨头而已！如果抛弃这剑给它，借以保存自己，我还有什么东西值得可爱的呢！"说完，他就跳入江中去同蛟龙搏斗，终于把它们杀死，回到了船上。全船人的性命都保住了。

次非斩蛟：这个故事告诉我们：当最凶恶的敌人进行突然袭击的紧急关头，必须挺身而出，不畏强暴，敢于斗争，不能苟且偷安。

[例句] 遇到坏人，只有像次非斩蛟那样敢于斗争，才能有效地保护自己。

藏龙卧虎

　　栾东和张戈最喜欢看动物了，几乎每个星期天，都到动物园里去看老虎、黑熊和豹子等等。不过，天长日久，他们也看厌了人工饲养的动物。

　　栾东说："这里的动物被大人驯得太老实了，一点看头也没有。"

　　张戈说："好吧，咱们下个星期天到大森林里去看自然界的动物。"

　　到了星期天，栾东和张戈一大早就溜出了家门。他们翻过一座大山，穿过一片森林，可是，连个动物的影子也没见到。正当他们灰心丧气地要往回返时，遇到一位老爷爷。老爷爷说："你们要看动物的话，我可以带你们到西边那座小山上去看。那座山虽然小，但它四面环水，很少有人能去，所以动物们都愿意生活在那里。"

　　老爷爷划着小木船，把栾东和张戈送了过去。他们跑到山上一看，哎呀，简直是个动物世界，各种各样的动物都有。他们发现，在山谷的深水里藏着三条龙，在山腰的石洞中卧着六只大老虎。要不是眼看着太阳快落山了，他们真舍不得离开呢。

藏龙卧虎：旧时比喻隐藏有未发现的人才。现在多指单位不大，却有许多人才。

[例句] 我们这个学校，可是藏龙卧虎之地呀！

鲸吞蚕食

　　今天，动物法庭召开审判大会。猫法官威严地坐在审判席上，一声令下，罪犯桑蚕和鲸鱼被带到被告席上。

　　猫法官清了清嘶哑的嗓门说："桑蚕，农夫控告你吃光了他的桑叶，有此事吗？"

　　桑蚕转了转小眼珠子，狡辩地说："我虽然把他的桑叶全部吃光了，但是，请法官量刑时注意，我一口只能吃上一点点，比起鲸鱼来，危害性不是很大的。"

　　旁听席的动物们听了这番话，都轰的一声笑了。

　　猫法官站了起来说："请大家肃静！"他理了理八字胡，指着鲸鱼说："渔夫的儿子控告你把他父亲吃了，有此事吗？"

　　鲸鱼想了想说："吃是吃了，但我只吃了一口，比起桑蚕来，应该给我量刑轻一点。"

旁听席上的动物们又笑了起来。

猫法官听了两个罪犯的辩词，气得脸红脖子粗，气呼呼地说："大胆罪犯，还敢狡辩！你们都是侵略者，只不过是作案形式有所不同而已。蚕吃桑叶是一点一点地吃，鲸吃渔夫是一口吞下。吃桑事小，害命关天，两者相比，鲸鱼更

属罪大恶极，不杀不足以平民愤。现在，本庭宣布：依据"动物王国刑法"规定，判处桑蚕有期徒刑五年，判处鲸鱼死刑，立即执行！"

旁听席上响起雷鸣般的掌声。

鲸吞蚕食： 像鲸吃东西一口吞下，像蚕吃桑叶逐渐侵占；比喻用各种手段侵占。

[例句] 当年，日本帝国主义鲸吞蚕食了我大片国土。

草长 (zhǎng) 莺 (yīng) 飞

　　我国幅员辽阔，温差较大。初春三月，当北方的大部分地方还处于冰天雪地时，南方却早已春暖花开，莺歌燕舞了。

　　只见一群黄鹂鸟急急忙忙地往南飞去。麻雀问道："黄鹂姐姐，你们要到什么地方去呀？"

　　"我们要到南方去观赏春色。"黄鹂说。

　　"哎呀呀，你们可真傻呀！哪个地方都会有春色的，何必跑到南方去看呢？"

　　黄鹂说："南方的春色可美了，

那里的气候暖和，花、草长得又多又高。没听过小朋友们常常这样唱：'小燕子穿花衣，年年春天来这里，我问燕子你为啥来，燕子说，这里的春天最美丽'？麻雀老弟，跟着我们去开开眼界吧！"

麻雀把嘴一撇说："我可不去，那么远的路，没等飞到就会累死的。"

黄鹂鸟又往前飞走了。它们飞了十多天，终于来到了山清水秀的南方。啊，这里的春天太美丽了。北方现在还看不到一点点绿色，这里却是一片绿色的世界。各种各样的鸟都来这里春游。你看，绿色的草地上，盛开着五颜六色的鲜花，比人工绣的地毯还漂亮。黄鹂鸟被这美好的景色陶醉了，一点儿也不感到劳累，它们在一人多高的草地上飞来飞去，又跳又唱，开心极了。

小朋友，鸟儿都非常喜欢鲜花、草地和树林，这是它们生存的环境和条件，我们只有多植树造林，多种花和草，才能让世界上永远充满着鸟语花香。

草长莺飞：莺：黄鹂。南朝梁丘迟《与陈伯之书》说："暮春三月，江南草长，杂花生树，群莺乱飞。"后来就用"草长莺飞"形容江南春天的景色。(注意："长"不能念成 cháng)

[例句]江南的春天，草长莺飞。

豺狼 (cháiláng) 成性

小羊的爸爸被豺狼吃掉了。小羊天真地问道："妈妈，豺和狼那么凶狠，是长大后才学坏的吧？"妈妈反问道："你长大后也能学坏吗？"小羊说："不会的，我要永远做个小羊乖乖。"

妈妈说："有些孩子是长大后逐渐学坏的，可是，豺和狼就是凶狠的本性，它们从娘肚子里生下来就是很坏的，你可不要跟它们在一起玩呀！"

小羊自言自语地说："我才不信哩。小时候，大家都是善良的，它们肯定是后来学坏的，只要我对它们好，它们也会对我好的。"

一天，小羊在山坡上吃草。突然看到一只小豺和一只小狼边走边哭叫着："救命啊，救命啊！"小羊跑过去一看，它们的腿被打伤了，正在流血不止呢。善良的小羊找来纱布和药棉给它们把伤口包扎好了。正要说声"再见"离开时，豺和狼却抓住小羊不放，说："你帮忙就要帮到底，现在我们肚子饿了，你给我们当点心吃吧！"幸亏猎狗及时赶到，把豺和狼都咬死了。小羊才得救了。

小羊亲身经历了这件事，终于相信妈妈的话是对的，豺和狼的凶残本性是固有的。

豺狼成性：豺和狼是两种凶残的野兽。比喻敌人像豺狼一样凶残成性。唐朝骆宾王《为徐敬业讨武氏檄》说："加以虺（huǐ）蜴为心，豺狼成性。"（注意："豺"不能念成 cái）

[例句] 豺狼成性的敌人，是不会自动放下屠刀的。

豺狼当道

这一天，小白兔要到姥姥家去玩。吃过早饭，它蹦蹦跳跳地上路了。

走着走着，猛听到一声大喊："兔子，你给我站住！"

兔子着实吓了一大跳。当它看清原来是猴子的时候，才连连拍着胸口说："哎呀呀，猴大哥，你可把我吓死了。"

猴子说："我连续叫了你几声你都听不见，只好喊一声了。我问你，今天要上哪儿去？"

"我要到姥姥家去玩几天。"

"我劝你别从这条路上走。"猴子指着前面说："在那儿，有一只凶恶的狼正等着你呢。"

兔子非常感激猴子，一连行了三个礼道谢，便拐上了另一条小岔道。谁知刚走了没多远，真倒霉，迎面来了一只饿狼，拦住了它的去路。

"好啊！"饿狼恶狠狠地张开血盆大口，向兔子叫道："我正饿得发昏，你就给我送上门来了。"

兔子急了，只好鼓足了勇气争辩道："我们都是森林中的动物，你有什么权力要吃我呢？"

"哈哈哈……"饿狼发出一阵狂笑，"我肚子饿了就要吃东西，你今天碰上了我，就要被吃掉，这有什么道理好讲的！"

"不行！我们得找个第三者来评评理儿。"

正说着，一只狐狸从路边的草丛里钻了出来。于是，狼对兔子说："好吧！你来问问狐狸吧，它最聪明，也是最讲道理的。"

"不用问了，你们的争执我全听清楚了。兔子啊！你是个小动物，应该愉快地叫狼吃掉，这就是我们动物世界弱肉强食的真理！"狐狸摇头晃脑地说着。

兔子不服气，说狐狸偏心眼，要求把猴子找来评理。狼和狐狸不耐烦地说："你还啰唆什么，快过来让我们饱餐一顿吧！"正当狼和狐狸要分吃小白兔时，猴子赶来了，它急中生智，大喊一声："快跑呀！猎人来啦！"狼和狐狸信以为真，丢下小白兔，赶紧逃跑了。

猴子对小白兔说："现在大路小路上都有豺和狼挡道，我劝你今天不要到姥姥家去了。"

小白兔感激地说："猴大哥，谢谢了！你的大恩大德，我一定要设法报答。"

豺狼当道：豺狼：外形与狼相似，体毛红棕色或灰棕色，四肢较短，体形比狼小。当道：指在路中间。比喻坏人当权。《汉书·孙宝传》说："豺狼横道，不宜复问狐狸。"《后汉书·张王种陈列传·张纲》说："豺狼当路，安问狐狸。"

[例句] 在豺狼当道的旧社会，哪里也没有穷人的活路。

城狐社鼠(shǔ)

这天，动物世界推选"最受人类欢迎的动物"。有的推选熊猫和家猫；有的推选鸡和狗；有的推选马和牛；还有的推选猪和羊；等等。

城墙上的狐狸和土地庙里的老鼠对谁都看不起，它们都感到自己是最受人敬爱的动物。

狐狸不知羞耻地说："每天都有人给我站岗，给我巡逻。我什么都不害怕，猎人不敢来打我，猎狗不敢来咬我，老虎大王也不敢来吃我。嘿嘿！我是世界上最伟大的动物。人们这样保护我，不推选我还推选谁呢？"

老鼠厚着脸皮说："算了吧，你还不如我伟大哩！我住在土地庙里，经常有人给我烧香、烧纸，给我摆上各种好吃的东西，还要给我下跪磕头呢。请问：谁有我这样的好福气呀？人们如此这般地敬重我、喜欢我，不选我还要选谁呢？"老虎大王听了它们的自夸，气愤地说："呸！不要脸的东西，还不快闭上臭嘴！你们是人类最痛恨的动物，只不过是沾了城墙和土地庙的光。如果你们不是住在那个地方，早就被人们打死了！"

城狐社鼠：城上的狐狸，土地庙里的老鼠。比喻倚仗别人的势力胡作非为的坏人。《晏子春秋·内篇问上》说："夫社，束木而涂之，鼠因而托焉，熏之则恐烧其木，灌之则恐败其涂。此鼠所以不可得杀者，以社故也。"《晋书·谢鲲传》说："王敦谓鲲曰：'刘隗奸邪，将危社稷，吾欲除君侧之恶，匡主济时，何如？'对曰：'隗诚始祸，然城狐社鼠也。'"也作：社鼠城狐。

[**例句**] 当年，日本帝国主义侵占我国大片领土，汉奸、伪军们城狐社鼠，兴风作浪。

沉鱼落雁

　　林林小姑娘长得如花似玉，非常美丽。

　　她乌黑的头发，大大的眼睛，灵巧的鼻子像个小问号，圆圆的小脸蛋好似一个熟透的大苹果，笑一笑，露出一排雪白的牙齿，脸腮上还留下两个小酒窝。大人们都说她是个"美丽的小公主"。

　　水中的鱼儿不服气。它说："谁也没有我漂亮。我全身长满了鱼鳞，辉映得水波闪闪发光；我的眼睛又圆又鼓，能一眼看穿水底；我那轻盈的身躯，扭动起来比仙女的舞姿还要好看哩。"有一天，林林在水池边洗手绢，鱼儿浮到水面上一看，羞愧得赶紧沉入水底，说："不比不知道，一比吓一跳，我与林林一比，简直成了个丑八怪。"

　　天上飞的大雁也曾经不服气，说："谁也没有我漂亮。我的羽毛又光滑又丰满，人人见了都喜欢；我的嘴巴多灵巧，什么歌儿都会唱；我的翅膀多坚硬，一气能飞上百里。"有一天，林林在草地上跳

舞，大雁在空中看见了，忘记该怎么飞了，一下子就落在了地面上，说："林林太漂亮了，我在她面前连飞的勇气都没有了。"

沉鱼落雁：沉鱼：使鱼沉入水底，落雁：使大雁降落沙洲。形容女子容貌美丽。

[例句] 这个小姑娘有沉鱼落雁之容。

鹑(chún)衣百结

很久很久以前，人们看到鹌鹑 (ān·chun) 长得笨头笨脑，飞不高，又走不快，很容易捕捉，大人小孩都来捉它吃。

有一只灵巧的鹌鹑，看到伙伴们快要被人捉光了，心里非常生气，决心要去老虎大王那里告一状，心想，老虎是动物世界的国王，它一定会替我们做主的。

于是，它就飞到山洞里，对老虎说："大王，大王，人们都在吃我们的肉，快把我们家族吃光了，请你救救我们吧！"

老虎问道："鸟儿那么多，人们为何偏偏爱吃你们的肉呢？"

鹌鹑说："他们都说我们的肉特别香，又特别嫩，天天吃都吃不够。"

老虎一听，馋得流出了口水。心想，我光吃其他动物了，还没吃过鹌鹑肉呢，今天这个小东西送上门来了，倒要尝尝美味啦。于是，它站了起来，咧咧嘴："啊，原来是这样，难怪呀，难怪呀！哈哈哈！"笑着笑着，猛地伸出前爪把鹌鹑一抓，鹌鹑没料到老虎会来这么一手，飞迟了一步，尾巴被紧紧扭住了。正当老虎要往口中送食时，鹌鹑用尽全身力气，拼命一挣，终于挣脱了身子，可是尾巴却挣断了，留在了老虎的爪子里。所以，现在的鹌鹑都没有尾巴，看上去像打了一块补丁一样，难看极了。

鹌鹑一看告状无门，便想了一个办法，要改变被吃光的命运，只有造福于人类，才能受到人类的保护。于是，它们拼命地多下蛋，而且所下的蛋，营养价值高。这样，人们不但不再吃它们了，有人还把它们养了起来，专门让其下蛋。小朋友，你们吃过鹌鹑蛋吗？现在食品商店里，大都摆着鹌鹑蛋和鹌鹑蛋罐头，不妨让爸爸妈妈给你买来品尝一下，可好吃了。

鹑衣百结：鹑：即鹌鹑；鹑衣：鹌鹑的尾巴秃，像补丁一样，故用"鹑衣"比喻破烂衣服；结：打成结子连起来。形容衣服非常破烂。

[**例句**] 这个小孩穿的衣服鹑衣百结。

打草惊蛇

一条毒蛇在水塘边吞了一只青蛙，又爬到明明家的鸡窝里，吞了一只鸡蛋。明明见了非常气愤，便带领几位小朋友追打毒蛇。

毒蛇拼命地逃跑，小朋友们紧追不舍。眼看着就要追上了，毒蛇爬进了一片茂密的草丛里，再也找不出来了。小朋友们急得团团转，可是，谁也不敢进去找。明明说："我们今天一定要把这条毒蛇打死，不能让它继续作恶。"

怎样才能找到这条毒蛇呢？

有的小朋友说："咱们勇敢点，到草丛里面找，肯定会把它找到的。"明明说："不行！它躲在暗处，我们站在明处，很容易被它咬伤的。"

有的小朋友说："咱们点上一把火，把草丛烧光了，毒蛇自然就被烧死了。"明明说："不行！不能为了打死一条毒蛇，而把大片草丛破坏了。"

　　有的小朋友说："咱们干脆坐在这里等，看它能藏多久！"明明说："不行！这样会耽误我们好多时间的。"

　　"这也不行，那也不行，你有什么办法叫它出来吗？"小朋友们不耐烦地说。

明明想了想说："我有一个好办法，保证让它自动跑出来。咱们一人拿着一根长竿子拍打草丛，毒蛇会误认为我们进来了，它肯定会往外跑的！"

果然，小朋友们拍打了一会儿，毒蛇就吓得跑出来了。小朋友们围上来，你一棍子，我一棍子，很快就把毒蛇打死了。

打草惊蛇：原来比喻惩治某甲，以警告某乙。后来多比喻行动不谨慎，致使对方有了防备。

[**例句**] 先不要动他，以免打草惊蛇。

单枪匹马

　　强强拿着枪，骑着马，跟随着爷爷到深山老林里去打猎。在围猎野猪时，不幸跑散了，他独自来到了一片森林里。

　　走着走着，强强突然被一大群老虎、黑熊、野猪、豹子等动物包围起来了。老虎咬牙切齿地说：“强强，你成天跟着爷爷打我们，平时，你们人多势众，我们见了就得逃命。今天，就剩下你一个人，我们要把你和你的马统统吃掉！”

　　黑熊说：“对，我们要为死去的兄弟们报仇雪恨！”

　　强强虽然胆子很大，但面对着这么多动物，心中不免有些害怕。他说：“你们放我走吧，我再也不打你们了。”

　　老虎说：“哼，你们人类说话才不算数呢！我们动物世界里有个规矩，只要不饿得发昏，只要能找到东西吃，就绝对不去伤害人类。可你们人类不缺吃不缺穿，见了我们就要打，不仅吃我们的肉，穿我们的皮，还把我们的骨头泡酒喝，多么可恶呀！今天说什么也不会放过你的！"说完，动物们就围了上来。

强强想起了爷爷曾经说过的一句话：在动物面前害怕、求饶是得不到同情的。他鼓足了勇气，朝天放了三枪，趁动物们一愣的工夫，快马加鞭地冲出了动物的包围圈。

从此，强强再也不打猎了，他还劝说叔叔们都放下了猎枪。

单枪匹马：一个人单身上阵。比喻没有旁人帮助，单独行动。

[**例句**] 他单枪匹马杀进敌营。

胆小·如鼠

　　老鼠凭着尖锐的牙齿，能把坚硬的水泥墙咬透，也能把结实的大衣柜啃穿，所以，一提起老鼠来，有的小朋友就害怕。有些小朋友的爸爸妈妈也常常拿老鼠来吓唬他们，只要小朋友一哭闹，就说："老鼠来了，老鼠来了！"小朋友一听到老鼠，就吓得不敢出声了。

　　其实，老鼠的胆量是最小的，正因为它胆子小，才不得不挖个很深的地洞，把自己藏起来。

　　你瞧，一群小老鼠正在做游戏，突然听到一声猫叫，吓得拔腿就往洞子里钻，有的碰破了头，有的摔断了腿，被挤在后面的小老鼠，一个劲地大喊："快进！快进！猫咬腚！"这一惊吓，使它们连续三天不敢出洞门。

　　老鼠妈妈说："一声猫叫，就把你们吓成这个样子，太没出息了！看我的吧！"它大摇大摆地走出了洞口，一会儿工夫，抱着头

"哎哟哟、哎哟哟"地跑回来了。原来，它出了洞口，爬到文文的书桌上找东西吃，见桌子上蹲着一只大胖猫，吓得它一头栽到地面上，跌破了头。其实呀，桌子上是只塑料猫，那是文文的玩具。

老鼠不但害怕猫，它更害怕人。一天，老鼠们爬上房顶晒太阳，文文咳嗽了一声，吓得它们站不住，一个个从房顶跌下来……

老鼠的胆子这么小，谁还害怕它呢？

胆小如鼠：胆子小得像老鼠。形容非常胆小。

[例句]小明被蛇咬后，就胆小如鼠了。

打落水狗

　　一条疯狗把亮亮家的小牛给咬死了。亮亮和一群小伙伴，拿着棍棒、刀叉边追边打，打得它头破血流，"汪汪"乱叫。

　　疯狗爬到山上，亮亮他们追到山上打；疯狗跑进树林里，亮亮他们追到树林里打；疯狗逃进庄稼地里，亮亮他们追到庄稼地里打。疯狗见无路可逃，便跳进了很深很深的大水库里。水面上只露着一个血流满面的狗头，眼中含着泪水，可怜巴巴地望着岸上的孩子们，好像在说："放我一条生路吧，以后我再也不敢了。"

　　一位小朋友说："我们已经把它教训了一顿，现在它跳进了水库里，一副可怜相，不要再打了。"

　　亮亮说："对这样的疯狗，我们可千万不能心慈手软。今天把它放了，明天它还会咬牛、咬人的，一定要把它打死！"

　　"对！我们要痛打落水狗！"说着，小朋友们纷纷拿起石头向水

中投去，很快就把疯狗打死了。

打落水狗：落水狗，比喻被人民打败的敌人。比喻对敌人打击一定要坚决、彻底，决不能宽容或妥协。

[例句] 打击敌人，就是要像打落水狗一样。

得鱼忘筌 (quán)

山山很爱吃鲜鱼。他见村西头的水库里有许许多多的鱼在游动，馋得直流口水。他想：如果能捉上几条来，让妈妈做了吃多带劲呀。

山山学着大人的样子，找来一根小竹竿拴上一个鱼钩，坐在水库边上钓鱼。可是，钓了整整一上午，连只小虾也没钓上来。

下午，山山脱光了衣服，跳进水库里摸鱼。摸来摸去，眼看着太阳快要落山了，连条小鱼也没摸到手。

鱼儿在水中自由自在地游玩着，山山却坐在岸上伤心地哭了起来，想个什么办法能吃到鱼呢？

管理水库的老爷爷说："小朋友不要哭鼻子，爷爷有办法帮你捉到鱼。"

山山一听乐了。老爷爷找来几根竹子，用柴刀劈了劈，很快就编好了一个捕鱼器。山山拿着这个捕鱼器下到水里，不到十分钟，就捕到了五条活蹦乱跳的大鲤鱼。他把捕鱼器往路边一扔说："谁还要这个破玩意儿！"说完，提着鱼就往家里跑。让妈妈给他烧了烧，美美地吃了三顿鱼。

隔了两天，山山又想吃鱼了，他又来到了水库边。可是，捕鱼器早被人家捡走了，再也捉不到鱼了。

得鱼忘筌：筌：捕鱼用的竹器。捕得了鱼就忘记了筌。比喻成功以后就忘了赖以成功的事物、条件。《庄子·外物》说："筌者所以在鱼，得鱼而忘筌。"

[**例句**] 我们干任何事情都不要得鱼忘筌。

羝 (dī) 羊触藩 (fān)

　　一只大公羊，吃够了山坡上的青草，它想换换口味，找点新鲜蔬菜吃一吃，便来到了山坡下的菜园里。

　　透过篱笆缝隙，往里一看，哟，菜园里长满了各种各样的蔬菜，有青萝卜、有大白菜，还有芹菜、油菜和香菜，等等。菜叶儿绿油油、嫩光光的，一看就比老青草好吃多了。大公羊高兴得蹦了起来，这回可要吃个饱了。

　　可是，大公羊绕着菜园转了一圈儿，也没找到个进去的地方。园地的四周用篱笆围了起来，园子的门上还加上了一把大铁锁。这可怎么办呢？

　　大公羊低着头想了一会儿，说："有了，我的双角很厉害，完全可以把篱笆顶撞开。"它后退了十几步，用足了全身力气，朝着篱笆猛地一撞，万万没有想到，篱笆上爬满了青藤，把羊角死死地缠住了，前进不了，后退不得，越往外挣扎，缠得越结实，把大公羊急得咩咩咩地哭叫起来。

幸亏牧羊人闻声赶来，把青藤割断了，才将它从篱笆上解救下来。从此，大公羊老老实实地吃青草，再也不敢去偷吃别人的青菜了。

羝羊触藩：羝羊：公羊；触：抵撞；藩：篱笆。《周易·大壮》说："羝羊触藩，羸其角。不能退，不能遂。"（羸：通"累"，意为缠绕）意思是说，公羊同篱笆抵撞，就把角缠在上面，进退不得。后来就用"羝羊触藩"比喻进退两难。

[例句] 敌人被我人民解放军包围起来，犹如羝羊触藩，只好乖乖投降。

断鹤(hè)续凫(fú)

　　松鹤长了两条漂亮的长腿，是个有名的芭蕾舞演员。它走起路来大步流星，跳起舞来优美多姿，站在鸟群里，比别人高出一大截子。因此，招来许多鸟儿的忌妒(jì·du)，它们纷纷向鸟王凤凰打报告，强烈要求把松鹤的腿截一节去，不要让它高人一等。

　　野鸭也经常向鸟王凤凰抱怨，说上帝给自己做的腿太短了，走不快，跑不动，常常受到别人的耍弄。它要求鸟王恩准，把松鹤的腿截一点给它安上。

　　凤凰的心终于被打动了。它想，既然大家都是动物兄弟，也应该取长补短，互相帮助嘛。于是，它把此事交待给啄木鸟医生去办。

　　啄木鸟医生的医术是非常高明的，它知道此事非常荒唐，但又不得不执行大王的命令。便找来锯子、麻药和纱布等，很快就把松鹤的腿截下了一节，给野鸭安上了。尽管手术很成功，可是，野鸭由于接上了别人的一节腿，走起路来一瘸一拐，摇摇摆摆的，比以前走得更慢了；松鹤的腿短了，再也跳不成芭蕾舞了，它们都悲痛地哭了。

断鹤续凫：凫：野鸭。截松鹤的长腿，续接野鸭的短腿。比喻强行违反自然规律办事。《庄子·骈拇》说："长者不为有余，短者不为不足。是故凫胫虽短，续之则忧；鹤胫虽长，断之则悲。"

[例句]你这样蛮干，正是断鹤续凫。

鹅行鸭步

　　小鹅和小鸭知道自己走得特别慢，为了赶到其他动物前面，去给老虎大王祝寿，它们早晨五点钟就上路了。走了三个多钟头，才走了一里多路。人家小狗、小猫和小兔子睡到太阳出来了，才离开家门，现在早就赶到它们前面去了。

　　小鹅和小鸭连飞带跑地来到老虎大王住的山洞，累得满头大汗。可是，祝寿宴会早就结束了。老虎大王很不高兴，嫌它们来得太晚了，对自己不忠、不恭，不但不给吃喝，还各打了它们十板子。

　　在回家的路上，小鹅埋怨小鸭走得慢，说："要不是为了等你，我早就赶到了。"小鸭说："我是为了陪伴你，才挨了十板子呀！"它们争论个没完没了，被路过的猴子听到了。猴子说："谁快谁慢，比一比就见分晓，这还用得着争吗？我来给你们当个赛跑裁判吧！"小鹅和小鸭都说："行！"

猴子一声令下，小鹅和小鸭迈开八字步比了起来。结果，它们同时到达了终点。猴子笑着说："你们一个是半斤，一个是八两，都是行动迟缓的家伙，还有脸面争高低哩！"

动物们知道了小鹅和小鸭走不快，都不愿意跟它们交朋友，还常常欺负它们。比如：小鹅和小鸭发现了好吃的东西，走过去正要吃，被大公鸡抢先一步叼走了；小狗更调皮，动不动就一扑一扑地吓唬它们……

小鹅对小鸭说："咱们在地面上永远也走不快，一辈子也不会有什么大出息。必须掌握一项过硬本领，才能在这个世界上生活下去。"

小鸭说："对！咱们腿虽然短，脚板却不小，干脆去学游泳吧！"

它们拜青蛙、小鱼为师，学了不长时间，就成了游泳健将，受到动物们的敬佩。

唐朝的大文人骆宾王还专门写了一首《咏鹅》诗，来赞美小鹅的游姿哩。你听："鹅，鹅，鹅，曲项向天歌，白毛浮绿水，红掌拨清波。"

鹅行鸭步：像鹅和鸭子走路。形容行走迟缓。《水浒传》第三十二回有这样一句话："你两个闲常在镇上抬轿时，只是鹅行鸭步，如今怎的走得快？"

[例句] 你这样鹅行鸭步，什么时候能走到家呀！

吠(fèi)形吠声

狗妈妈对小狗说:"咱们生来就是替人看家的。你长大后,要好好地替主人看门,只要听到声音,或者看到有生人进来,就要叫唤几声,以便让主人知道。"

小狗牢牢地记住了妈妈的话。

它长大后,替一户姓李的人家看门。一天晚上,它看见一只狐狸爬进院子里,要偷小鸡吃,便伸长脖子,汪汪汪地叫了起来。主人拿着棍子跑出来,把狐狸打跑了。主人非常感激小狗,赏给它一块大骨头啃!又一天晚上,小狗看见一个小偷爬进来,要偷走主人的羊,它汪汪汪地叫了起来,把小偷吓跑了。主人赏给它一大块肉吃。

从此,小狗明白了,只要叫唤几声,就能吃到骨头和肉。于是,它不管有人来无人来,也不管看到没看到什么,每天晚上都要叫唤几声。听到别人家的狗叫,它也不察真伪,跟着猛叫一阵子。把左邻右舍的狗都引得叫唤起来了，主人像以往一样，只要一听到狗叫，认为有情况，赶紧从屋里跑出来看一看。可是，什么动静也没有，一连几个晚上都是如此。把主人气得什么东西也不给它吃。小狗误认为自己叫唤的声音不够响亮，就扯着嗓门一个劲地叫唤，把主人一家吵得睡不成觉，一气之下，把小狗赶出了家门。

吠形吠声：吠：狗叫。一只狗看见人就叫，许多狗听到声音也跟着叫，比喻不察真伪，随声附和。汉朝王符的《潜夫论·贤难》说："谚云：'一犬吠形，百犬吠声。'"

[**例句**] 社会上一有谣言，一些人就吠形吠声地到处传播。

封豕(shǐ)长蛇

在一座深山老林里，住着一只大野猪和一条长蛇，它们凶猛异常，贪婪横暴。见这里气候温和，风景优美，便联合起来，占山为王，胡作非为，把周围的动物都吃光、吓跑了，凡路过这里的动物和人也都遭到了不幸。

一天，有群山羊路过这里，被它们捉住了，连毛带皮全部吃光了。

一天，两头毛驴走到这里，也被它们分吃掉了。

又一天，几只兔子刚跑到这里，被长蛇一口吞了下去。

野猪生气了。它说："好啊，你自己吃独食！我要把你吃掉，免得以后和我分吃东西。"

长蛇说："你生气我也不害怕，我早就想把你吃掉了，今后剩下我一个在这里多快活！"

就这样，两个贪婪歹毒的家伙打了起来。你咬我一口，我扫你一尾巴；你踢我一脚，我甩你一下。打斗了一个晚上，双方都受了致命的重伤，躺在地上动弹不了。动物们看见后，跑过来一齐下手，把它们打死了。

从此，这里又恢复了和平，动物们又可以安宁地生活了。

封豕长蛇：封：大；豕：猪。大猪长蛇，用来比喻贪婪横暴的人。《左传·定四年》说："吴为封豕长蛇，以荐食上国。"

[**例句**] 德国法西斯简直是封豕长蛇，妄图霸占全世界。

蜂蛰 (chē) 有毒

一天，狼在众多动物面前吹牛说："我在动物世界的地位，是一王之下，万物之上。除了害怕老虎大王之外，我谁也不怕，不服气的上来试一试。"

动物们你看看我，我看看你，谁都不敢吭一声。

这时，一只小蜂子"嗡嗡"地飞来了。它对狼说："我可以让你怕一怕！"

狼听了哈哈大笑说："我不怕大牛、大马、大骆驼，还害怕你一只小小的蜂子吗？"

蜂子不说什么，围着狼飞了一圈又一圈，趁狼不注意的时候，飞到狼的鼻子上猛刺一下，把狼痛得"嗷嗷"乱叫。蜂子问狼："怕不怕？"狼说："怕了，怕了，请你不要蛰我了。"

一只蝎子也跑上前来，对狼说："我也可以叫你怕一怕！"狼怒气冲冲地说："什么？你也要叫我怕一怕？天大的笑话！蜂子会飞，我无法治它。你是地上跑的小不点，我一口可以吞下你二十个。"说着，就把蝎子衔在口里，正要扬脖咽下去，蝎子伸出毒刺一扎，把狼痛得乱蹦，连声喊着："怕了，怕了，请你不要再蜇我了。"

猴子、小猫和小狗等受到鼓舞，纷纷喊了起来："我可以让你怕一怕""我也能让你怕一怕！"狼后悔自己不该说那样的大话，只好点头哈腰地表示：今后不再轻视小动物了。

在场的动物们见到这种场面，都舒了一口气。它们明白了：每个动物既然能生活在地球上，都有一套自己的本领。对老虎和狼这类凶猛的动物不必俯首帖耳，唯命是从。只要敢于斗争，不畏强暴，就一定能够生存下去。

蜂虿有毒：虿：蝎子一类的毒虫，尾部有毒刺。像蜂子和蝎子那样的小动物，其毒也可以伤人的。比喻不能轻视有害的小事物。《左传·僖公二十二年》记载："邾人以须句故出师，公卑邾，不设备御之。臧文仲曰：'……君其无谓邾小，蜂虿有毒，而况国乎？'"（注意："虿"不能写成"虿"(dǔn)，不能念 wàn）

[例句] 这件事不可小看，蜂虿有毒呀！

鸡飞蛋打

　　黄鼠狼偷偷地爬进鸡窝里，想偷只小鸡吃，一不小心蹬翻了鸡食盆，发出了声音。

　　"黄鼠狼，你害了我两只小鸡，你今天可跑不了啦！"大公鸡说着，就扬起脖子高声叫了起来："来人呀！来人呀！黄鼠狼要偷鸡吃啦！"

　　黄鼠狼马上跪下了，痛哭流涕地哀求道："善良的公鸡啊，请您不要喊人了，我不是来偷鸡的，是从这里路过，只要您饶我这一次，我就回去告诉我的伙伴们，以后再不偷一根鸡毛。"

　　"如果你能诚心诚意地痛改前非，我可以不叫人来打你。"公鸡说："不过我告诉你，如果你再重犯，决不能饶你！"

　　黄鼠狼急急忙忙往回跑，生怕后边有人追赶。

　　快到村边的时候，黄鼠狼听到一户人家的母鸡在叫唤："下蛋啦！

下蛋啦！"它自言自语地说："哼，我只说不偷一根鸡毛，并没说过不偷鸡，正好还可以吃上一个鸡蛋哩！"

于是，黄鼠狼又偷偷地爬进了鸡窝。母鸡看见了，把蛋蹬到地上打碎了，然后飞到屋顶上大叫："来人呀！来人呀！黄鼠狼要偷鸡吃啦！"黄鼠狼受到惊吓，一不小心被农夫设下的套子套住了，无论怎样挣扎也跑不了。

鸡飞蛋打：鸡飞走了，蛋打破了。比喻全部落空，一无所得。

[例句] 你这样干下去，只能落个鸡飞蛋打的下场。

累卵之危

　　有只大母鸡很能下蛋，一天下一个。它为了炫耀自己的功劳，把蛋一个压一个地垒了起来，远远一看像一堵蛋墙一样，非常醒目。

　　老鼠恭维地说："哎呀呀，我的鸡大妈，你可真能下蛋呀！把蛋这样摆起来非常非常的壮观，谁见了都会羡慕的。"

　　母鸡自豪地笑了。它每天都坐在鸡蛋旁边，骄傲地扬着头，好像在说："看，我多能下蛋呀！"

　　麻雀看见了，对它说："你能下蛋，大家都知道。这样摆起来却很危险，一有风吹草动，就会滚下来打破的。"母鸡不高兴地说："滚不下来，你甭(béng)操这份闲心，有本事的话，你下个蛋给我看看。"麻雀讨了个没趣，一扭头飞走了。

　　公鸡看见了，对它说："下个蛋多不容易呀，应该好好保护才是，这样摆法，不是拿着自己的劳动果实开玩笑吗？"母鸡说："我自己下的蛋，爱怎样摆就怎样摆，你不会下蛋少多嘴！"公鸡受了一顿抢白，生气地走了。

一天晚上，母鸡睡着了。老鼠跑来偷蛋吃，它围着鸡蛋转了一圈，不敢往上爬，就从最下面一层往外抽。费了好大的劲儿，刚抽出一个来，只听"轰隆"一声响，鸡蛋全部落下来打碎了，老鼠也被埋在里面压死了。

母鸡守着一大堆碎蛋哭了起来，它以后再也不敢把鸡蛋垒起来了。

累卵之危：堆垒起来的蛋很容易滚下来打碎。比喻危险至极。《后汉书·陈寔列传》说："若欲徙万乘以自安，将有累卵之危，峥嵘之险也。"

明珠弹雀

一群麻雀落在一棵大树上。它们一边蹦蹦跳跳地闹着，一边叽叽喳喳地说话儿。

毛毛抬头发现了这群麻雀，只见麻雀一个个长得像个小绒球似的，又圆又肥，馋得口水直流，就从地上捡来一些小石子，用弹弓射麻雀。

麻雀们正玩得高兴，突然看见毛毛射来了一颗小石子，打得树叶哗哗响，就叽叽喳喳地叫唤起来：

"你打不着！"

"你打不着！"

"你打不着！"

原来，它们早有约定："毛毛的力气小，射出的石子没劲儿，也打不准，咱们谁也不会害怕，等他把地下的石子射光了，就会掏出口

袋里的夜明珠来射，到时候可以看看夜明珠是个啥模样。"

可是，等到毛毛连续射了五颗石子，几个胆小的麻雀就吓得张开翅膀飞走了，几个胆大的麻雀也支撑不住，飞到另外一棵树上去了。只剩下一个老麻雀，它躲在树叶厚的地方，仍在不停地叫唤着："你打不着！""你打不着！""你打不着！"

毛毛把地面上的小石子射光了，连根雀毛也没打下来，一气之下，从口袋里掏出夜明珠就射，只见一道闪光，夜明珠在空中划了一道弧线飞走了。

麻雀幸灾乐祸地叫着："毛毛、毛毛糊涂蛋，打下麻雀也不值钱。丢了一颗夜明珠，回家爸爸打你屁股蛋。"

毛毛垂头丧气地往家里走去。

明珠弹雀：明珠：夜明珠，用夜明珠当弹丸去射鸟雀。比喻得不偿失。汉代扬雄《太玄·唐》说："明珠弹于飞肉，其得不复。"测曰："明珠弹肉，费不当也。"梁朝萧绎《金楼子·立害下》说："黄金满笥，不以投龟。明珠径寸，岂劳弹雀？"

千里送鹅（hóng）毛

麻雀是个很懒的小家伙。

眼看着冬天快要到了，其他鸟儿都在忙乎着垒窝建房，麻雀却无忧无虑地唱歌跳舞呢。

喜鹊说："麻雀别贪玩了，赶快趁天气暖和的时候垒个窝吧，要不冬天会冻死的。"

麻雀"嘿嘿"一笑说："我才不干哩，俺祖祖辈辈都不垒窝，还不是一代又一代地照样生活着。"

燕子说："麻雀，现在垒个窝很容易，衔点毛草就成了。要知道，眼下出点力，冬天少遭罪呀！"

麻雀不耐烦地说："天下地方这么大，哪里不能藏身，何必垒个破窝呢？"

今年的冬天来得早，冷得快。这天，西北风"呼呼"地刮着，大雪花飘飘扬扬地飞舞着，一会儿，地面上、房顶上、树枝上、草垛上，到处都铺了一层厚厚的雪。满山遍野一片白色的世界，连个藏身的地方也找不到，麻雀冻得浑身打哆嗦。

它跑到喜鹊那里想暖和暖和身子。喜鹊说："实在对不起，我们

家里孩子多，没有多余的地方可住。"

它又跑到燕子那里。燕子说："非常抱歉，我们的房子太小挤不下呀！"

麻雀伤心地哭了，它后悔当初没有垒个窝。正在这时，一只大雁从遥远的南方给它送来了鹅毛。麻雀感激地说："大雁哥，你的心眼真好呀！千里迢迢给我送来鹅毛，叫我怎样感谢你呀！"大雁说："送点鹅毛来，有啥好感谢的！"麻雀说："没有鹅毛，我蹲在这冰天雪地里肯定会冻死的。是你给了我第二次生命，我一辈子都不会忘记的。"

大雁语重心长地说："你要吸取教训呀！以后可不能偷懒了。"

麻雀郑重地点了点头。可是，冬天过去后，麻雀早把这件事忘了，它还是不垒窝。终于有一天，它被冻死在雪地里了。

千里送鹅毛：俗语"千里送鹅毛，礼轻情意重"。比喻礼物虽轻而情意深厚。

[**例句**] 正在我渴得嗓子要冒烟时，你送来了泉水，这可真是千里送鹅毛呀！

前怕狼后怕虎

公羊和母羊带着小羊娃娃在草滩上吃草，眼看着天快黑了，公羊对母羊说："太阳快要落山了，咱们带着娃娃回家吧！"

"娃娃吃得正欢呢，等一会儿再走吧！"母羊说。

公羊听了母羊的话，又低下头吃起草来。不知不觉太阳落山了，公羊猛抬头，见天空一片漆黑，不禁发起愁来，埋怨母羊说："我早就提出来带娃娃们回去，你老是不听，现在天黑了，什么都看不清，叫我们怎么回去呀！"

母羊和小羊都眼巴巴地看着公羊，希望它尽快想出个好办法来。公羊说："这样吧，你和娃娃在前面走，我在后面担任警卫。"

母羊说："娃娃它爹呀，我可不敢走在前面，万一碰上老狼可怎么办呀！"

公羊说："好吧，你和娃娃跟在后头，我在前面开路。"

小羊和母羊一齐说："不行，不行，在后面更危险，老虎跑来把我们叼走了怎么办？"

公羊无可奈何地说："你们既不敢走在前面，又不敢走在后面，总不能叫我把你们都背着走吧！"

母羊想了想说："这样好不好？咱们找个安全的地方过一夜吧！"

公羊只好领着它们来到一块大岩石脚下过夜。

半夜里，有一只老虎从林子里跑了出来，它闻到羊腥味，喜得大吼几声，一扫尾巴，大步流星地朝着岩石脚下跑来。这时，母羊已被虎叫声惊醒，它发现老虎气势汹汹地奔来，忙推醒公羊说："不好了，不好了，老虎要来吃咱们了，你快想个办法吧！"

足智多谋的公羊，不慌不忙地站起来，一边用坚硬的双角往岩石上咯咯咯地顶撞着，一边大声说："老虎、老虎你上来吧，我的角已经顶死三只老虎了。"

老虎信为以真，吓得不敢靠前，一直呆呆地站在那里，直到公鸡叫了三遍，才灰溜溜地跑了。

前怕狼后怕虎：比喻顾虑重重，畏缩不前。

[例句] 你不要前怕狼后怕虎的，只管大胆干下去。

青蝇吊客

狐狸的心眼又多又坏，谁跟它交往谁都要吃亏，就连老虎和老狼也上过它的当。所以，动物们见了它就躲得远远的，谁也不跟它交朋友，它孤零零地生活着。

一天，狐狸病了，大家谁也不来看望它，没有医生看病，又没有吃喝的东西，连病带饿两天就死去了。

动物们得知狐狸死了，都非常高兴，谁也不愿意来埋葬它。

这天，一群苍蝇飞来了，它们围着狐狸那发臭的尸体，嗡嗡地哼哼着。

蚂蚁不解地问道："苍蝇，你们哭丧什么？狐狸生前给了你们什么好处，值得这般伤心？"

苍蝇说："谁伤心呀？我们看到狐狸死了，可以吃它的肉，喝它的血，把我们乐得正在唱歌呢。"

蚂蚁说："噢，原来是这么回事呀！我还以为你们是来吊丧的哩。哈哈，这就是狐狸的下场。"

青蝇吊客：指人在生前没有知己，死后只有青蝇来做吊客。

犬马之劳

很久很久以前，马和狗都住在深山老林里。虽然它俩一高一矮，一大一小，但因为都跑得很快，便成了一对好朋友，无论走到哪里都形影不离。

有一天，马和狗一块出来散步，看到草坪上站着一只羊。羊向它们招呼道："大哥，你们好啊！"

"羊弟弟你好！"

"大哥，听说你们两个跑起来特别快，能不能让小弟我开开眼界呀？再说，你们两个也应该分个冠亚军呀！"

马不客气地说："这还用分吗，冠军非我莫属嘛！"

狗不服气地说："那可不一定，我们从来没有真正比赛过呢。"

"比不比都一样，我身强力大自然跑得快。"

"我小巧灵活，跑起来不会落后。"

羊见它俩争得脸红脖子粗，就"呵呵"一笑说："两位大哥不必争吵，比一比就可以分出高低了。我正好没事儿，给你们当个裁判员吧！"

马和狗一致赞同地说："好！就在这草地上比比吧！"

比赛开始了。羊喊了声"一、二——跑！"马和狗撒腿跑了起来，几分钟后，马看到狗跑在自己的前面，就拼命往前赶，但两者距离越来越远，无法赶上。

羊大声宣布："比赛结果，狗当冠军，马为亚军。我要把这个最新消息告诉伙伴们啦！"说着，羊就跑走了。

马这时非常难过，也非常伤心，它后悔今天不该逞能，也不该参加这场比赛，自己长得这么高大，竟然比不过狗，要是被羊传出去多丢人呀！它想：狗跑起来比我快一大截子，只要它活着，我这辈子也别想当冠军了。于是，它产生了一个邪念，把狗杀死，抢夺冠军宝座。可是，想来想去，也想不出一个杀狗的好办法。最后，它想起了狐狸的鬼点子多，求它给出个主意吧！

狐狸说："你高头大马都对付不了狗，我能有什么好办法呢？对啦！猎人最有办法对付动物，你去找他们吧！"

马听信了狐狸的话，找到了猎人，说出了自己的想法，猎人听后哈哈大笑说："这好办，这好办！不过有个条件，你得乖乖地让我骑着。"马急于要杀死狗，顺口说道："你骑上来吧！"

到了山里，猎人用套子把狗套住了。狗跪下说："猎人，请你不要杀我，我不当冠军了，我愿帮你打猎。"马的目的达到了，点头谢了谢猎人就要走，猎人却用枪指着马头说："你也走不了啦，今后你就驮着我去打猎吧！"

就这样，马和狗为了求生，都心甘情愿地为猎人效劳，在森林中追杀自己的同胞兄弟。

犬马之劳：犬：狗。犬马：古时臣子对君主常常称自己为犬马，表示愿意像狗和马那样替主子奔走。现在用"犬马之劳"表示心甘情愿地为别人效劳。

鹊 (què) 巢 鸠 (jiū) 占

　　喜鹊最会盖房子，它要亲手盖一座华丽无比的宫殿，向同伴们显示显示自己的本领。

　　喜鹊忙来忙去，花了足有半年的时间，终于建成了一座美丽的宫殿。许多鸟儿都赶来祝贺，却被喜鹊无情无义地挡在门外："不要进来，不要进来！你们的衣服又脏又臭，别弄脏了我的新房子。"

　　一天，乌云密布，下起了大雨和冰雹，树叶子和庄稼叶儿都被打碎、打烂了，来不及躲避的蝴蝶 (húdié)、蜜蜂、蚊蝇等大都被打死了，许多鸟儿也被打伤了。

　　喜鹊有了宫殿，不怕雨淋，不怕雹打，在房子里舒舒服服地睡大觉。

　　一只麻雀被打落在宫殿旁边。它哀求道："喜鹊姐姐，让我进屋躲躲吧！不然，我会被打死的。"

喜鹊连头也不抬地说："我自己盖的房子我自己住，请别来打扰我睡觉，快走开！"麻雀只好走开了。

这时，一只小燕子被打伤了翅膀，它一把抓住了宫殿的大门，向喜鹊哀求道："喜鹊姐姐，让我进房躲一躲吧，我飞不了啦！"

喜鹊没好气地说："我的房子谁也不许进来，我要睡觉了，快滚开！"

小燕子落在地面上，被雨水冲走了。

过了一会儿，又有一些鸟儿来向喜鹊要求借屋避雨，都被它恶声恶气地骂走了。

雨停了，太阳露出了笑脸。喜鹊拍打拍打翅膀，觉得肚子饿了，便飞出了宫殿，想去找点吃的东西。它飞到上空朝下一看，啊！多漂亮的房子呀！被雨水一冲更加光彩夺目了。喜鹊越看越得意，心想，就因为这房子是第一流的，其他鸟儿才不断地想来占用。现在，我离开房子去找吃的，一时半刻回不来，其他鸟儿肯定会乘虚而入的！"不行，不行！"喜鹊自言自语地说："还是叫我的邻居斑鸠给我看着房子吧！"

斑鸠是个野心勃勃的家伙，它早就想霸占喜鹊的宫殿，只是找不到合适借口，今天见喜鹊找上门来，便痛快地答应了。它来到宫殿里面一看，惊喜地叫了起来："哎呀呀，这么漂亮的房子，我一辈子也盖不起来呀！今天既然进来了，就不再搬出去了！"

喜鹊吃饱了喝足了，唱着歌儿飞回来了。斑鸠却站在门口不让喜鹊进屋。

喜鹊说："这是我的家呀！我只是让你给我看一会儿的！"

斑鸠说："是你亲自把我请进来的！怎么刚过了一会儿就翻脸不认账啦！"

喜鹊说："咱们找大家给评评理儿，你这个不要脸的东西，怎么能抢占别人的房子！"可是，鸟儿们明知斑鸠不对，但因得不到喜鹊的帮助，都闭口不言。

喜鹊知道自己因为自私自利，把朋友们都得罪光了。便哭着说："我错了！我错了！以后一定会助人为乐，不再那么小气了。请大家帮我把房子要回来吧！"

在鸟儿们的共同干涉下，斑鸠自知理亏，不得不从宫殿里搬了出来。喜鹊把朋友们请到家中做客，并把宫殿作为大家常来常往的游乐园。

鹊巢鸠占：《诗经·召南·鹊巢》说："维鹊有巢，维鸠居之。"喜鹊的巢被斑鸠占了。原比喻女子出嫁，以夫家为家。后来比喻坏人强占别人住处。

山鸡舞镜

老虎大王每天都要吃掉一个小动物，各种动物都不敢反抗，只好轮流向它进贡。这一天，轮到鸡类向老虎进贡了，鸡王指定无依无靠的小山鸡去给老虎大王当午餐。

小山鸡非常伤心，人家都有爸爸妈妈保护着，自己孤苦伶仃的，无人管、无人问。它从昨天晚上一直哭到现在。快到中午的时候，它觉得口渴舌干，便跑到池塘边去喝口水。池水清澈见底，水中映出了小山鸡的倒影。小山鸡长了这么大，还没见过自己是个啥模样哩。今天见到了，原来自己长了一身漂亮的羽毛，跟小姑娘穿着连衣裙一样好看。它歪歪头，摇摇尾，跳过来蹦过去看个没完，情不自禁地跳起了舞。跳着跳着，小山鸡又哭了。它想：自己这么一只可爱的小山鸡，难道就白白地填了老虎肚皮？唉，这个世界真不公平呀！它从地上抓起一块小石头，生气地投向水面，只听咕咚一声，平静的水面被打破了，小山鸡的倒影不见了。一会儿，又恢复了原状。小山鸡看着、看着，高兴地叫了起来："有办法了，有办法了！"说着，就飞快地向老虎那儿跑去。

老虎在山洞里急得坐立不安。它肚子早就饿了，还不见小山鸡

的影子，正要去找鸡王算账时，小山鸡跑来了。

"你好大的胆子，怎么迟迟不来？"老虎吼道。

"大王呀，不得了啦！不得了啦！"小山鸡上气不接下气地说着。

"什么事儿，把你吓成这个样子！"老虎问道。

"今天吃过早饭，我就带着几个小兄弟来给大王进贡。"小山鸡喘了口气说："谁知走到半路上，碰到一个比你更厉害的怪物，它不仅把我的同伴们全吃掉了，还说什么要把你也吃掉哩！这不，它特意让我来给你报个信儿。"

"啊！竟有这种大胆怪物？"老虎怒不可遏地说道："走，带我去见识见识它！"

小山鸡把老虎带到池塘边，自己躲在老虎屁股后面，装作浑身发抖的样子。老虎看看四周什么也没有，心里便产生了怀疑。对小山鸡咆哮起来："你这个小东西，竟敢愚弄本大王！"

"大王呀，你要往水里看呀！那个可恶的家伙就藏在水里！不信，你站在岸边往下看看。"

老虎走到岸边，往下一看，果然有一只跟自己大小一样的动物，正龇牙咧嘴地瞪着自己呢。老虎张张嘴，它也张张嘴；老虎伸伸舌头，它也伸伸舌头；老虎往前扑一扑，它也往前扑一扑，一点也不显得害怕。老虎气极了，大吼一声，向深深的池塘里猛扑下去，只听得"扑通"(pū tōng)一声，老虎沉到了水底，再也没有上来。

一会儿，水面恢复了平静。小山鸡又看到了自己的影子，它高兴得跳起舞来。

山鸡舞镜：南朝刘敬叔《异苑》卷三记载："山鸡爱其毛羽，映水则舞。魏武时，南方献之，帝欲其鸣舞而无由。公子苍舒(曹冲)令置大镜其前，鸡鉴形而舞，不知止，遂之死。"后以"山鸡舞镜"比喻顾影自怜。原来是说处境不好，剩下自己，只好对着影子，自己怜惜自己，形容孤独失意的情状。后来转为自我欣赏的意思。

十羊九牧

冬冬家中养了十只羊，他每天放学后，都赶着羊到村后的山坡上吃草。小羊们自由自在地吃着草，冬冬则抓紧时间看书学习。只用一个多小时，羊就吃饱了。

这天是星期日，冬冬的八个同学都来帮着他去放羊。他们九个人拿着九条鞭子，赶着十只羊，浩浩荡荡地出发了。

冬冬的爸爸看见了，笑着说："十只羊一个人放就行了，还用得着九个人去放吗？你们差不多每人放一只了。"

小朋友们齐声说："我们人多力量大，一会儿就把羊放好了。"

他们说着，闹着，赶着羊来到山坡上。一位小朋友说："这地方的草被羊吃过了，咱们到北面的那个山坡去吧！"

他们赶着羊到了北面的山坡上。一位小朋友说："这个地方的草不高，咱们到西面的那个山坡上去吧！"

他们又赶着羊来到了西面的山坡上。一位小朋友又说："这个地方的草太老了，咱们到东面的山坡上去吧！"

到了东面的山坡上，羊刚吃了几口草，一位小朋友又赶着羊去喝水。还没走到池塘边上，一位小朋友又赶着羊去吃草。就这样，他们九个人，你打一鞭子，他抽一鞭子；你吆喝一声，他诈唬一句，把羊吓得你看看我，我看看你，哪里还顾得上吃草，只是一个劲地咩咩地叫着，好像在说："你看看，你看看，牧羊人多了，命令不一，叫我们到底听谁的呀！"一个上午过去了，羊还没吃个半饱哩。

冬冬接受了这次教训，再也不让同学们都来帮着放羊了。

十羊九牧：十只羊，九个人放牧。旧时比喻民少官多。《隋书·杨尚希传》说："当今郡县，倍多于古。或地无百里，数县并置；或户不满千，二郡分领……所谓民少官多，十羊九牧。"也比喻使令不一，无所适从。唐代刘知幾《史通·忤时》说："杨令公则云必须直词，宗尚书则云宜多隐恶，十羊九牧，其令难行。"

 蜀(shǔ)犬吠日

在很早的时候，四川某乡村的一个农民家里，养了一只小狗。由于这个地方不是乌云密布，就是阴雨连绵，很少有个晴朗天气，小狗从生下来还没见过太阳是个什么模样哩。

这一天的早晨，太阳冲破乌云的封锁，从云缝里钻了出来，光芒四射。大公鸡认识太阳，它给太阳唱起了赞歌；花草、树木也见过太阳，它们展开花朵和叶子去迎接可爱的太阳；小朋友们更熟悉太阳了，他们穿上新衣服，在阳光下唱歌、跳舞、做游戏。

唯有这只小狗没有见过太阳，朝着太阳汪汪汪地叫个不停。它想：这是个什么怪物呢？既没长腿，也没长翅膀，怎么能飞到天上去呢？哟，它走得还挺快哩，三个小时前离地面只有一竿子高，现在快到我头顶上来了。小狗摇头摆尾地说："怪事，怪事！跟个盘子一般大的小东西，竟然能把天空照得这么明亮，这得耗费多少电呢！哎

呀呀，它还用好多好多的银针刺我的眼睛哩！"

"汪汪汪、汪汪汪"，小狗一边叫着，一边向着太阳扑跳着，恨不得立刻跳到天上去，把太阳一口吞下肚子里。

这时，从遥远的北方飞来了一只鸟儿，它说："小狗，这么好的天气，你叫唤什么呀？"

小狗指着太阳说："你看、你看，天上出现了一个怪物。"

小鸟哈哈大笑说："你可真是少见多怪呀！这是太阳公公，在北方几乎天天都能见到，万物生长都离不开它呀！"

小狗听了小鸟的话，惭愧地低下了头，一声也不吭了。

蜀犬吠日：蜀：四川省；吠：狗叫。唐代柳宗元《答韦中立论师道书》说："仆往闻庸、蜀之南，恒雨少日，日出则犬吠。"后来，就用"蜀犬吠日"讥讽少见多怪。

[例句] 这种事我见得多了，你别蜀犬吠日了。

水至清则无鱼

一条小鱼跟着妈妈在池塘里生活着。

这个池塘里的水太混浊了，站在岸边，看不到水中的鱼儿，只见水中长满了水草、青苔，水面上还漂浮着许多烂叶子和草棍。

有一天，小鱼受不了啦。它对妈妈说："咱们换个水清的地方吧，这个烂塘子太脏了。"

妈妈说："你年纪小不懂事，我之所以选择这个地方安家，主要是从安全角度考虑的。你想想，虽然环境不美，但它可以藏住我们，免遭敌人的攻击呀！"

小鱼说："住在这个破地方，光图安全有啥用？见不到阳光，呼吸不到新鲜空气，什么光景也看不见，分不清白天和晚上，快闷死了！"

妈妈苦心规劝道："孩子呀，你就放心住下吧！咱们孤儿寡母的，力量薄弱，能保住命就不错了，还挑拣什么地方呀！"

"那好吧！你乐意住就住下吧！我可再也待不下去了。"说着，小鱼腾空一跃，跳到了池塘旁边的湖水里。

啊！这里太美啦！碧绿的湖水清澈见底，游在水中什么都能看清楚，浮在水面上，既可以晒晒太阳，又能呼吸到新鲜空气，多好呀！可惜，妈妈一辈子也享受不到这样的福气。小鱼一边想着，一边浮到水面上，又唱又跳的，玩个没够。

正在这时，天上飞来一只水鸟。它在空中就看到了小鱼儿，一头扎下来，把小鱼叼走了。

水至清则无鱼：水太清澈了，鱼就无法生存了。旧时比喻人太精明了就没有伙伴朋友。《大戴礼记·子张问入官》说："故水至清则无鱼，人至察则无徒。"（徒：同类，同伙）现在有时用以说明事物不可能绝对地纯。也作"水清无鱼。"

[**例句**] 俗话说水至清则无鱼嘛，对人对事不要太苛刻。

树倒猢狲 (húsūn) 散

　　有一棵又高又粗的大树，枝叶繁茂，遮天蔽日。南来北往的行人都愿意坐在树下乘凉，鸟儿们也都乐意落在这棵树上休息，成群结队的蚂蚁都在这棵树上爬来爬去地玩耍着。

　　可是，自从一群猴子把家安在这棵树上后，再也看不到这种景象了。它们仗着树高，别人无法上去，便胡作非为起来，猴子们在树上往下拉屎、尿尿，不让人们在树下乘凉，它们还把鸟儿和蚂蚁都赶跑了。

　　这里成了猴子的天下。它们在树上荡秋千，捉迷藏，玩得非常开心。

　　一天，听说要刮大风、下暴雨了。人们都争先恐后地往家里跑去；蚂蚁们都纷纷躲进了洞里；鸟儿们也都"呼啦啦"地飞走了。树上的猴子们却仍然无忧无虑地玩耍着。它们说："有大树给我们撑腰，什么都不怕！下雨淋不着，太阳晒不着，刮风不摇晃，这可真是个安乐窝呀！"说完，猴子们哈哈大笑起来。

台风刮来了。这棵大树也开始东摇西晃起来，猴子们吓得目瞪口呆，使劲把着树枝，在空中随风舞了起来。"咔嚓！"一个树枝断了，它们又赶紧抓住另一个树枝。尽管各个大喊救命，可谁也不会听到。这时，雨越下越急，风越刮越大，大树再也承受不住了，被连根拔了起来。树上的猴子被摔了个半死，有的被雨水冲走了，有的被风卷跑了，一个也没剩下。

树倒猢狲散：猢狲：猴子。树倒了，住在树上的猴子就散开了。比喻反动集团中为首的一倒台，他的那些走狗失去了依附，也就立即溃散。宋代庞元英在《谈薮》里记载：曹咏投靠秦桧，做了高官。秦桧一死，曹咏就被贬，厉德斯派人给曹咏送去一封信。曹咏打开一看，乃是一篇《树倒猢狲散》的赋。

[例句] 树倒猢狲散，坏头头被捉住法办了，他的爪牙们也都吓得逃跑了。

听人穿鼻

古时候，牛根本不听人使唤。它个子高，力气大，头上长着一对又尖又硬的角，连老虎也怕它三分哩。

有一天，牛看到一群姑娘们都戴着耳环，显得非常漂亮。它便找到正在种田的老伯伯说："你给我穿个耳环吧！"

老伯伯理着胡子，笑了笑说："你耳朵上长满了毛，穿上个耳环也不好看呀！"

"你说应该戴在哪里好呢？"牛焦急地问道。

老伯伯说："你的鼻孔又大又光滑，穿上个铁圈圈肯定会好看的。"

"那好，你就给我穿在鼻子上吧！"说着，牛就躺下了。

老伯伯说："穿的时候，非常疼痛，你可不要顶我、踢我呀！"

牛说："你放心好了，我一定老老实实地让你穿。"

老伯伯找来了铁圈和绳子，先给牛鼻子穿上铁圈，然后在铁圈上拴了根绳子。

牛站了起来，说了声"谢谢"就要走。老伯伯说："你再也走不了啦！从今以后，就要帮着我干农活啦！"

牛瞪圆了双眼，刚要发怒，老伯伯将绳子一拉，把牛痛得哞哞哞直叫。从此，牛在人面前再也不敢反抗了，它乖乖地帮着人拉车、犁田、驮东西，从来不敢喊怨叫苦。

听人穿鼻：听：任凭；穿鼻：牛鼻子穿棬（juàn）比喻毫无主张，任人摆布。《南史·张弘策传》说："徐孝嗣才非柱石，听人穿鼻。"

[例句] 你办事要有主见，不能听人穿鼻。

投畀(bì)豺虎

以前，狗、熊和狐狸的关系还算可以。它们住在一座山林里，你来我往，相互关照。豺狼和老虎一直不敢来吃它们。

可是，有一天，狐狸躲在一边，打起了鬼主意：要想个办法，让狗和熊打一仗，看看热闹。不然，平平静静的太没意思了。它转了转小眼珠子，咧开嘴巴笑了。

狐狸先跑到狗那里说："狗大哥，你可要小心呀！熊每天都在抱着树桩、石头练摔跤，总有一天，它会把你摔个粉身碎骨的！"

狗信以为真，对狐狸的"好心"表示了谢意。

狐狸又跑到熊那里说："熊大哥，你可要多加警惕呀！难道你没看见，狗每天都在练跑步、练跳跃，还常常伸腰、吐舌头，动不动就磨牙啃骨头，它正在找机会吃你哩！"

熊听了大吃一惊，对狐狸的"好意"万分感谢。

从此，狗和熊互相猜疑起来。它们都用怀疑的目光注视着对方的一举一动。

果然，正如狐狸说的那样，熊每天都在"吭哧、吭哧"练摔跤，练得腰身越来越粗；狗则每天不是跑就是跳，伸着腰，吐着舌头像要吃什么似的。

它们就这样上了狐狸的当，每天都互相提防着，总觉得对方要下毒手似的。有一天，它们再也忍耐不下去了，狗和熊便打了起来。结果，双方都受了伤，狐狸却躲在一边开怀大笑。

后来，狗和熊明白了，是狐狸在挑拨离间。它们把狐狸捉了起来，扔进山谷里，让豺狼和老虎吃掉了。

投畀豺虎：投：扔；畀：给；豺：体形像狼略小、红棕色毛的野兽。《诗经·小雅·巷伯》说："取彼谮(zèn)人，投畀豺虎。"(谮人：说别人坏话的人。) 意思是把那些说别人坏话的人拉出来，扔给豺虎去吃。表示群众对坏人的愤恨。

[**例句**] 对这样的坏人，应该投畀豺虎。

投鼠忌器

贝贝家里有一只大老鼠，经常趁大人不在家的时候，跑出来偷东西吃，妈妈对贝贝说："你见到这只老鼠不要害怕，一定要把它打

死。"贝贝说:"妈妈放心吧!我都快十岁了,还打不死一只老鼠?"

一天,贝贝放学回到家中,看见老鼠在饭桌上偷馍馍吃,他气得拿起一块石头就要打过去。可是,转念一想,不能打。因为老鼠周围有碗、有盘子、有暖瓶,把石头投过去,肯定会把这些东西打碎的。于是,老鼠趁机跑掉了。

又有一次,贝贝正在家中做作业,突然看到老鼠正往米缸上爬,他顺手拿起一根木棍要扔过去,但怕打破米缸也只好放下了,老鼠又一次跑掉了。

贝贝想,怎样才能把这只老鼠消灭掉呢?他买来了一包老鼠药放在老鼠洞口,很快就把它药死了。

爸爸妈妈都夸贝贝是个聪明的好孩子,并对他说:"打老鼠时有所顾忌是对的,但干其他事可不要怕这怕那,犹豫不决呀。"

投鼠忌器: 要用东西投掷老鼠,又恐怕砸碎了老鼠附近的用具。比喻有所顾忌,做事不敢放手。《汉书·贾谊传》说:"欲投鼠而忌器。"

[例句] 你只管干吧,不要投鼠忌器,缩手缩脚的。

为虎傅翼(yì)

一天，狐狸对老虎说："大王，你能捉到鸟儿吗？"

老虎说："捉不到，因为我不会飞呀！"

"你能吃到鲜鱼吗？"狐狸又问道。

老虎说："也不能。因为我不会游泳呀！"

"哈哈"，狐狸笑着说："这也不能，那也不能，你还当什么动物大王呢？"

老虎一听，怒吼道："什么？你想叫大王我让位吗？"

"小的不敢，小的不敢！我倒有个办法可以帮助大王。"狐狸讨好地说。

"快讲给本大王听听！如果可行的话，我可以叫你当二王。"

狐狸说："我给你安上翅膀，你就可以飞起来了。到那时，你才是名副其实的大王哩。天上飞的，地下跑的，水中游的，都可以吃到。"

　　就这样，狐狸给老虎安上了翅膀，使老虎更加凶猛起来。它不但飞到空中捉鸟吃，飞到水面上叼鱼吃，还敢飞到农夫家里吃羊、吃猪、吃鸡鸭。

　　天上的玉皇大帝得知此事后，十分震怒，立即派天兵天将下来，把老虎的翅膀给拔掉了，并把帮助老虎作恶的狐狸贬为最不受欢迎的动物。谁叫它帮着老虎做坏事哩！

　　为(wèi)**虎傅（添）翼：**傅：附着；翼：翅膀。给老虎安上翅膀。比喻做恶人的帮凶或助长恶人的声势。《逸周书·寤儆篇》说："无（为）虎傅翼，将飞入邑，择人而食。"（注意："为"不能念成wéi）

　　[例句] 你这样做，不是为虎傅翼吗！

降(xiáng)龙伏虎

很早以前，传说有一位法力高超的和尚，能叫龙王听从调动，能让老虎服从命令。

有一年，天大旱，水井、河道都干涸了，土地裂开了大口子。和尚来了，只见他手握宝剑，登上高台，点烛焚香，口念咒语。一会儿工夫，风声大作，乌云密布，电闪雷鸣，四海龙王一齐驾到，顿时，倾盆大雨"哗哗"而下。

有一天，和尚路过一座山林，见两只老虎正在争斗，你撕我咬，互不相让。和尚把手中锡杖往中间一挡，两只老虎吓得赶紧散开跑了。

当然，这是一个神话传说故事。现实生活中不可能有这样一位法力无边的和尚，只不过是用来形容力量强大而已。

降龙伏虎：佛教故事说，一些高僧能用法力制伏龙虎。《梁高僧传》卷十说："（涉公）能以秘咒咒下神龙。"《续高僧传》卷十六说："（僧稠）闻两虎交斗，咆响震岩，乃以锡杖中解，各散而去。"后来就用"降龙伏虎"形容力量强大，能够战胜一切。

[例句] 在党的领导下，我人民解放军降龙伏虎，推翻了蒋家王朝。

信及豚(tún)鱼

"小白兔,心眼好,说话算数,讲信用。"这是动物们对小白兔的赞语。

一天,小白兔看到一只小猪的前腿断了,正躺在路边的草丛里叫唤呢,便走上前去,对小猪说:"你在这里等着,我到姥姥家去拿些白菜叶子给你吃。"小猪点了点头,但并未相信。它想,许多动物路过这里,都是这么安慰我的。这不过是说句客气话而已,谁能把我放在心上呢?可是,中午,小白兔真的拿来了白菜叶和大萝卜。从此,它天天都来送吃的,直到小猪能走动为止。

一天,小白兔在池边玩耍,看到一条小鱼靠近岸边哭泣。小白兔问它哭什么?小鱼说:"水里一点吃的东西也找不到,我已经两天没吃饭了。"小白兔说:"你别着急,我去给你找吃的。"一会儿,小白兔就找来了许多好吃的东西,并帮助小鱼搬了家。

　　小白兔对小猪、小鱼讲信用的事情，很快就传开了，动物们知道后，都愿意跟它交朋友。

　　信及豚鱼：及：达到；豚：小猪。对豚和鱼那样微贱的动物都讲信用。《周易·中孚·彖（tuàn）辞》说："豚鱼吉，信及豚鱼也。"

蜗(wō)行牛步

据说从前的蜗牛，走起路来像螳螂一样轻快，身上也没扛着个硬壳壳。牛走起来也跟马一样快步如飞。可是现在呢，蜗牛半天爬不

出一寸路，老是背着个沉重的硬壳子，牛走起来慢腾腾的，好像生闷气一样。这是为什么呢？说起来还有段故事呢。

蜗牛自己造了一座漂亮的硬壳房子，不怕风吹，不怕雨淋，把身子缩在里面睡觉，既舒服又暖和。一天，蜗牛要外出拜访朋友，但它又怕别人把房子给抢占去，怎么办呢？想来想去，也想不出个好办法，只好把房子背在身上。从此，蜗牛不管走到哪里，都把房子背在身上。天长日久，身上的皮肉就和房子粘合在一起，再也拿不下来了。所以，现在的蜗牛，身上压着个硬壳壳，半天也爬不出一寸路。

牛自从让农民老伯伯给它穿上鼻圈圈，被制服后，并非心服口服。它心里老是有股子怨气，只不过是慑于鼻圈的威力，敢怒不敢言罢了。为了发泄心中的不满，牛无论是拉车、犁田，还是驮东西，都故意放慢脚步，耽误时间。为这事儿，它不知挨了多少顿打骂。但是，牛有个犟 (jiàng) 脾气，任你怎样打骂，它就是坚决不改。时间一长，牛想走快也走不快了，它后悔当初不该赌这份气。

蜗行牛步：比喻行动、进展极慢。

[例句] 你这样蜗行牛步的，什么时候能走到家呀！

小鸟依人

　　小鸟的爸爸妈妈被老鹰吃掉了，它跑到姨妈家里去。

　　可是，姨妈家里也有三个小弟弟，哪里顾得上照料它呢？小鸟不会飞，捉不到虫子吃，眼看着就要饿死了。有个叫飞飞的小朋友到田里挖野菜，碰到了这只可怜的小鸟，把它带回家养了起来。飞飞给它米饭吃，给它捉虫子吃。几个月过去了，小鸟长大了。但它不愿离开飞飞。每当飞飞要做作业时，它就蹲在桌子的一角上一声不吭地陪着，飞飞要上学了，它就把飞飞送到校门口；飞飞一回到家中，它就扑到飞飞的怀里，叽叽喳喳叫个不停。

　　一天，飞飞把鸟儿带到树林里，对鸟儿说："小宝贝，你现在可以独立生活了，飞走吧！大自然才是你快乐的天地。"说着，就把鸟儿往空中一托，鸟儿在空中盘旋了一圈，又落在了飞飞的肩膀上。它拍拍翅膀，翘翘尾巴，眨眨眼睛，歪歪头儿，那神情好像是说："我舍不得离开你呀!"

"我也舍不得离开你呀!可是,你是大自然的骄儿,应回到大自然的怀抱里呀!展翅高飞吧!"飞飞说着一扬手,鸟儿才恋恋不舍地离开了飞飞,向树林深处飞去。

小鸟依人:依:依恋。像小鸟那样依傍着人。比喻少女或小孩娇小可爱。《旧唐书·长孙无忌传》说:"(褚遂良)甚亲附于朕,譬如飞鸟依人,自加怜爱。"

狗是个势利眼，最没有骨气了。它见谁有本事就向谁谄媚讨好。

一开始，狗跟羊住在一起。狗的胆子小，一有风吹草动，它就"汪汪汪"地叫个不停。羊说："你不要叫了，让狼听见了咱们就没命了。"

狗想，狼一定比羊有本事，要不，羊为什么这样怕狼呢？于是，狗就去找狼，对狼说："你既勇敢又善良，我愿意跟你住在一起。"

狼咧嘴笑了，说道："行啊！"

睡到半夜，狗又叫开了。狼说："你不要乱叫，老虎听见了会来咬我们的！"

狗想，狼也靠不住，老虎一定比它有本事。于是，狗又去找老虎，对老虎说：

"你是个英明的大王，我愿意跟你住在一起！"

老虎高兴地说："行啊！"

　　睡到半夜，狗又叫了起来。老虎怒气冲冲地说："你叫唤个啥？让人听见了怎么办？"

　　狗一想，人肯定最有本事，连动物大王都怕他哩。于是，狗找到人，摇头摆尾地说：

　　"请你当我的主人吧！我甘愿为您看家守门。"

人见它怪可怜的，就爽快地答应了。

睡到半夜，狗又叫了起来。人听到后，拿着一根木棍子跑了出来，东看看，西瞧瞧，见没有什么动静，便对狗说："以后就要这样警觉，一发现有情况，赶快叫醒我。"说完，奖给狗一块大骨头啃。

狗受到人的夸奖，相信人是最有本事的了，便决心跟人永远在一起。从此，狗在主人面前百般讨好，并借着主人的势力摆起了威风，见了什么都要"汪汪汪"地叫几声。可是，只要离开了主人，它吓得一声也不敢吭。

摇尾乞怜：乞：乞求。狗摇着尾巴讨主人欢喜的可怜相。形容卑躬屈膝地向别人谄媚讨好，希望别人垂怜的丑态。唐代韩愈《应科目时与人书》说："若俯首帖耳、摇尾而乞怜者，非我之志也。"

[例句] 这个怕死鬼，在敌人面前摇尾乞怜真无耻。

 衣冠禽兽 (qínshòu)

　　狼经常做坏事，名声不好听，它想改变一下自己的丑恶形象，便去找狐狸讨个主意。

　　狐狸说："这样吧！人的形象最好，你去偷套衣服穿上，再去偷顶帽子戴上，不就变成可爱的人了吗？"

　　狼认为这是个好主意。于是，它到农夫家里偷来了衣服和帽子。可是，狼的本性难改，它照样凶残地吃小动物，大家都知道它是个穿衣服、戴帽子的狼，离它远远的，谁也不跟它交往。

　　一天，狼大摇大摆地来到农夫家里偷羊吃，农夫见它穿着衣服，戴着帽子，气愤地说："你这个畜生，装扮成人干坏事，更加可恶、可杀！"说着，就向狼开了一枪，把狼打死了。

　　衣冠禽兽：穿衣服、戴帽子的飞禽走兽。比喻外表穿戴整齐，但是道德败坏、行为像畜生一样的人。

[例句] 你这个衣冠禽兽的家伙，竟然干出这样伤天害理的事情！

燕雀处(chǔ)堂

一只小鸟儿，见农夫的堂屋非常暖和，就把窝垒在堂屋的木梁上。

小花猫看见了，惊呼道："你把窝垒在这上面，很危险呀！"

小鸟说："你白天黑夜都住在屋里不危险，我们一住进来就危险了？花猫兄弟别忌妒了，有福同享嘛！"

小狗看见了，好心好意规劝道："宁肯在外面挨点冻，也不能把窝垒在屋子里，这是拿着生命开玩笑呀！"

小鸟说："算了吧，我的狗大哥！你生来就是个看门的命，想进屋人家也不会让你进来的。我住在这上面可真叫你眼馋呀，每天都能闻到炒菜的香味呢。"

一天，灶间突然起火了。小狗跑到外面喊人去了，小花猫从猫洞里钻了出来。小鸟误认为是农夫在生火做饭呢。它高兴地叫道：

"大火大火快烧旺，烤烤身子暖洋洋。"一会儿，大火爬上了屋顶，小鸟被熊熊大火烧成了灰。

燕雀处 (chǔ) **堂：**处：居住；堂：堂屋。小鸟住在堂屋上。比喻处境危险而不自知。《孔丛子·论势》说："燕雀处屋，子母安哺，煦煦焉其相乐也，自以为安矣，灶突炎上，栋宇将焚，燕雀颜色不变，不知祸之将及也。"（注意："处"不能念成 chù）

天下乌鸦一般黑

很久以前，乌鸦身上长着华丽的羽毛，还有一条美丽的尾巴，唱起歌来也十分动听。

有一天，森林失火了。其他鸟儿都奋不顾身地赶来救火。可是，乌鸦贪生怕死，想找个安全的地方躲一躲。它发现树桩上有个洞洞，便顾头不顾尾地钻了进去。一会儿，大火铺天盖地地烧了过来，露在树洞外边的尾巴被烧掉了，身上华丽的羽毛，也被烟熏火烤得黑黑的，它疼得"哇—哇—哇"地大哭，把嗓子也哭哑了。

自从乌鸦变黑后，它的心眼也黑了，总想陷害他人。一天，凤凰因患病医治无效，不幸去世了。群鸟为它举行了隆重的追悼大会。

乌鸦感到这是个显示自己的好机会，便扯着沙哑的嗓子叫唤起来："要说对鸟王的感情，谁也没有我乌鸦真挚！你们看看，今天，唯有我浑身上下披着黑纱，表达我无限的悲哀。"

乌鸦扫了大伙一眼，想陷害一下它仇视日久的仙鹤和孔雀，又大喊大叫起来："你们再看看，仙鹤竟然头戴红花！孔雀居然身穿彩衣，鸟王死了，它们感到无比高兴呀！"

众鸟们对乌鸦在这个庄严肃穆的场合大嚷大叫，感到非常气愤，仙鹤和孔雀根本就没想到乌鸦会来这一手，一时想不出合适的话来回击。这时，嘴巧的百灵鸟站出来说话了："乌鸦，我记得鸟王在世时，过生日和喜添贵子时，你都是披着黑纱来的，这难道也是表示你的悲哀吗？"

乌鸦理屈词穷，吓得灰溜溜地跑了。看着它远去的背影，仙鹤自言自语地说："真没想到，乌鸦的心比它的外表还要黑十倍。"从此，不管它飞到哪里，人们都叫它"黑乌鸦"。

天下乌鸦一般黑：比喻世界上的剥削者、压迫者都是一样坏。

[例句] 在旧社会，天下乌鸦一般黑，劳动人民走到哪里，都没有生存之路。

虎背熊腰

这天，动物们召开健美比赛大会，狐狸和狼担任裁判。

小个子运动员首先上场。

青蛙每天不停地跳动，它的双腿非常健美。可是，裁判只给了它一点五分。

公鸡每天不停地走动，它的双腿肌肉也很发达。可是，裁判员只给了它二点五分。

一只谁也看不起的小蚂蚁，走上台来，毫不费力地拉走了比自己身体重三百倍的石头。一只小蜜蜂也拉走了比自己身体重三百倍的东西。按照举重级别，它们算得上是"大力士"，可是，这是健美比赛，裁判一分也没给它们。

大个子运动员上场了。

一只足有十六尺高的长颈鹿走上台来，像个大吊车似的，所有动物都要仰着脸看它。裁判摇摇头说："太高了，太高了！"只给了它三点八分。

一头大公牛站上台来，裁判又摇摇头说："草包肚子太大了，太大了！"只给了它三点七分。

动物们见裁判打分明显不公，都气得不再参加比赛了。

这时，老虎往台上一站说："请看看我的背吧！像面板一样又宽又平。"裁判给了它十分。

接着，熊又站到台上说："请看看我的腰吧，像水桶一般又粗又圆。"裁判也给了它十分。

这样，老虎和熊并列为健美冠军。尽管裁判偏心眼儿，但动物也不得不佩服老虎和熊的身体，确实是魁梧健壮呀！

虎背熊腰：形容身体魁梧健壮。

[例句] 这个小伙子长得虎背熊腰的。

蜻蜓 (qīngtíng) 点水

　　蜻蜓在水面上飞了几次后，感到自己非常了不起啦，到处吹牛说："我到水里去过啦！我到水里去过啦！如今世界上，谁也比不上

我，既能飞上天，又能进入水。"

它的话被小鱼听到了。小鱼说："既然你到水里去过了，请你说说，这里的水有多深呀？"

蜻蜓"支支吾吾"答不上来。

小鱼又说："那么，再问你一句，这水中都有什么东西呀？"

蜻蜓结结巴巴，仍然答不上来。

小鱼说："你在水面上只接触了一下子，怎么能说成到水里去过了呢？如果有胆量的话，请跟我来吧。"说着，小鱼一头扎入水中。

蜻蜓被小鱼挖苦了一顿后，再也不敢吹牛了。

蜻蜓点水：比喻浮面的接触。唐代杜甫《曲江二首》说："点水蜻蜓款款飞。"（款款：慢慢地）

[**例句**] 搞调查研究，可不能像蜻蜓点水那样浮在面上。

以蚓 (yǐn) 投鱼

一天，小猫见甜甜拿了两元钱，到街上买来一条活蹦乱跳的鲜鱼，非常眼馋。它想："噢，有了钱就可以吃到鲜鱼呀！"于是，小猫偷来了两元钱，用线拴在鱼钩上，来到河边钓鱼。它说："鱼啊，鱼啊，快上钩，我送给你两元钱。"可是，钓了一个上午，也没见鱼上钩。

小猫想："鱼可能不喜欢钱了，我要给它点好东西吃一吃。"于是，小猫跑回家，从甜甜的糖果盒里偷了一块高级奶糖，用线拴在鱼钩上，来到河边说："鱼啊，鱼啊，快上钩，我给你一块奶糖吃。"可是，钓了半天，也没钓上一条鱼来。

小猫吃不上鱼，馋得"哇哇"地哭了起来。猫妈妈知道这事儿后，笑着对它说："你可真是个小傻瓜呀！人家甜甜是用钱去买来了一条鱼，你看见谁用钱、用奶糖做诱饵钓鱼的？"说着，猫妈妈从地上找了一条小蚯蚓拴在鱼钩上，一会儿就钓上一条大鱼来。

小猫乐了。从此，它懂得了，钓鱼不用什么高级、贵重的东西，只要找一条不值钱的小蚯蚓就可以了。

以蚓投鱼：蚓：蚯蚓，可做钓饵。以蚯蚓为饵来钓鱼。比喻用轻贱的引出贵重的。《隋书·薛道衡传》说："陈使傅绎 (zǎi) 聘齐，以道衡兼主客郎接对之。绎赠诗五十韵，道衡和之，南北称美。魏收曰：'傅绎所谓以蚓投鱼耳。'"

秋后蚂蚱 (mà·zha)

蚂蚱是个好吃懒做的坏家伙！

春天来啦！阳光明媚，鸟语花香。它不为这美好的时光而歌唱，却跑到庄稼地里去吃小苗苗。

夏天来啦！苦闷炎热，如同蒸笼。它不在草丛里、树荫下乘凉，又跑到地里去吃庄稼叶子。

秋天来啦！果实累累，遍地是宝。它既不盖房子，也不储备粮食，吃饱了肚子，就蹦蹦跳跳地玩个没够。

蚂蚁说："秋风凉了，不要光顾着玩，赶快做好过冬的准备吧！"

蚂蚱"哈哈"一笑说："春、夏、秋三季，我一点都没准备，不是过得很好吗？冬天有啥可怕的？"说着，它又蹦蹦跳跳地到别处玩去了。

蚂蚁见它不听劝，自言自语地说："好吧！看你还能高兴几天！"

果然，可怕的冬天很快就来了。北风呼啸着，到处都是冰天雪地。蚂蚱既没有吃的东西，也没有住的地方。它跑到蚂蚁门前喊"救命"，可是，蚂蚁装作没听见，不给开门。风雪越来越大，蚂蚱手脚冻麻木了，一点也活动不了，很快就被冻死了。

从此，蚂蚱只能在春、夏、秋三季出来糟蹋庄稼，一到冬天就看不到它的身影了。

秋后蚂蚱：秋天一过，蚂蚱的生命就结束了。比喻反动势力很快就要完蛋了，末日即将来临。

[**例句**] 这些坏人犹如秋后蚂蚱，蹦跶不了几天啦！

害群之马

在美丽的大草原上，有一群马结伴相处在一起。它们一块儿吃草、一块儿跑步，一块儿喝水，一块儿睡觉，大家团结友爱，互相帮助，生活得非常幸福。

可是，有一天，从外地跑来一匹野马，把这宁静的生活给打破了。

当众马要吃草的时候，野马在草地上跑来跑去，把嫩肥的青草踏倒在地，让大家吃不成。

当众马要喝水的时候，野马跳进水里，把清水搅浑了，让大家喝不成！

当众马要跑步的时候，野马混在里面，撞这个一下，踢那个一脚，咬这个一口，让大家跑不成；当众马要睡觉的时候，野马又跳又叫，吵得大家睡不成。

一个好端端的集体，就这样，被一匹野马给搅乱了。有一天，众马在忍无可忍的情况下，群起而攻之，把它打倒在地，狠狠地教训了一顿。

从此，马群里又恢复了宁静，大家又过起了无忧无虑的生活。

害群之马：比喻危害集体的人。《庄子·徐无鬼》说："夫为天下者，亦奚以异乎牧马者哉？去其害马者而已矣。"

老猴子爬到一棵桃树上，摘下了许多桃子。

它坐在树底下美美地吃了一顿，然后准备把剩下的桃子拿回家去。老猴子用嘴衔着一个，左、右手各拿两个，一共才能拿走五个桃子。可是，地上还有许多桃子，怎么办呢？吃不完拿不走，送回家去再来一趟吧，又怕别人给拿去了。它急得抓耳挠腮，也想不出个好办法来。

这时，大路上走来一位小朋友，手里提着个竹篮子，里面装了许多好东西。

老猴子看见了，一拍脑袋说："噢，原来篮子可以装东西呀！"它跑到农夫家里，偷来一只竹篮子。果然，把全部桃子装进去还不满呢。

从这以后，聪明的猴子便记住了："竹篮子可以装许多东西。"

一天，老猴子家中发生了火灾，它忙着用树枝扑打火苗，叫小猴子拿着竹篮子去打水灭火，小猴子去了半天也没见回来。风借火势，很快就把猴子的家烧成了灰烬。老猴子非常生气，它来到河边一看，见小猴子正撅着屁股打水哩，便气呼呼地骂道："好呀！你这个该死的东西，家里都烧光了，你还在这里玩水！"说着，劈头盖脸地打了小猴子几巴掌。

小猴子边哭边说："谁玩水哩？我一直在这里打水。可是，竹篮装不了水，提起来就漏光了。"

老猴子一把夺过篮子说："你不要骗我了，它什么东西都可以装，我来打给你看看！"说着，老猴子就用竹篮子打起水来，可是，连续打了十几下，水都"哗哗"地漏光了，它自言自语地说："原来，篮子打不了水呀！"

竹篮打水： 比喻白费力气。

[例句] 你这样干下去，只能是竹篮打水一场空呀！

蝇粪点玉

美丽的玉石，人人见了人人爱。

可恶的苍蝇，人人见了人人恨。

对此，苍蝇心里愤愤不平。它们说："玉石也是块石头，只不过漂亮点儿，就受到人的喜爱。我们苍蝇长得并不丑，只不过身上脏了点儿，就令人讨厌。这个世道可真不公平呀！"

玉石说："我们不但外表美，心里也很美。人们把我们雕刻成各种工艺品，价值连城呢。可你们倒好，自己身上脏不说，还到处传播疾病，能不叫人恨吗？"

苍蝇气呼呼地说："哼！玉石，你等着瞧吧！我们也要叫你变成臭不可闻的石头！"

玉石毫不在乎地说："美玉就是美玉，我们即使掉进大粪坑里，也绝对不会改变自身价值的，说不定被粪水泡一泡，还能变成一块古玉呢。

苍蝇们说："对呀，我们改变不了你的身价。可是，我们却能叫你变成丑八怪！"说着，它们就飞到玉石上到处拉屎，把一块漂亮的玉石弄得黑乎乎的，不堪入目。

果然，人们见了这块玉石，认为是块肮脏的石头，再也不喜欢它了。幸亏一位老爷爷有眼力，把它拿回家去洗了洗，才使玉石重放光彩。

蝇粪点玉：点：玷污。苍蝇粪玷污了美玉。比喻细小的过错也能使好人玷污。宋代陆佃《埤雅》说："青蝇粪尤能败物，虽玉犹不免，所谓蝇粪点玉是也。"唐代陈子昂《宴胡楚真禁所》诗："青蝇一相点，白璧遂成冤。"

癞蛤蟆 (làihá·mo) 想吃天鹅肉

在水库里，有一只癞蛤蟆，挺着个大肚子，凸着一双大眼泡，浑身长满了肉疙瘩，十分难看。它听说天鹅肉非常鲜美，居然产生了想吃天鹅肉的念头。

它问小鱼怎样才能吃到天鹅肉？小鱼说："这是办不到的事情。一个在天上，一个在地上，怎么能吃到呢？"

从此，癞蛤蟆横下一条心，天天练习跳高。它从水里跳到岸上，从岸上又跳进水里。这样练了十几天，它感到自己具有了上天的本领。

一天，它钻出水面，鼓着肚皮，两眼盯着天空。这时，正好空中飞来了一只天鹅。它得意忘形地说："天鹅，你马上就要被填进我的肚皮啦！"

天鹅飞得太高，没有听清楚，问道："你诈唬什么呀？"

癞蛤蟆说："我要到天上吃你的肉！"

天鹅一听，差点笑出眼泪来。它想逗逗这只不知天高地厚的蛤蟆，便降落在水库岸边的一块大石头上，说："上来吧！我在这里等着你！"

癞蛤蟆鼓了鼓肚皮，一用劲儿，跳到了岸上。又一用劲儿，便跳到大石头上。它自言自语地说："原来吃天鹅肉这么容易，跳两下子就可以了。"

天鹅气愤地说："你这个不要脸的东西，也不撒泡尿照照自己啥样子，还想吃我的肉，真是异想天开！"说着，一脚把癞蛤蟆踢了下去。

癞蛤蟆摔了个四脚朝天，眼巴巴地看着天鹅飞走了，气得干着急也没办法。

癞蛤蟆想吃天鹅肉：比喻低贱的想占有高贵的，两者差距很大，是永远办不到的事情。

悬驼 (tuó) 就石

唐朝的文人释道世，在《法苑珠林》中记载了这样一个故事：

从前，有个国王把一头骆驼赏赐给一个人。一天，这个人把骆驼杀了。他在剥骆驼皮时嫌刀不快，便在楼上找到一块磨刀石。他想，把磨刀石搬到楼下，太费力气了，在楼上磨磨刀，待一会儿还得跑上来磨，太费事了。干脆，把骆驼挂到

楼上，一边磨刀，一边剥骆驼皮多省事呀！于是，他找来了许多人帮忙，费了好大的劲儿，才把这头千斤重的骆驼挂到了楼上。

这个人自认为聪明，其实是个大笨蛋。小朋友，你说说，把磨刀石搬到楼下容易，还是把骆驼挂到楼上容易？

悬驼就石：悬：挂；就：凑近。意思是：为了凑近磨刀石，便把骆驼挂了起来。比喻做事不合常理，轻重倒置。

狐疑（yí）不决

　　狐狸的坏心眼儿多。它遇到事情也总爱用坏心眼想三想四，犹豫不决。

　　一天，狐狸跑到农家院里偷鸡吃。它爬到院墙上往下一看，见一只老母鸡正在睡大觉。它想，大白天的睡什么觉呢？是不是主人让它装睡，好引我上钩呀！想到这里，它吓得跳下来就跑了。

　　狐狸又来到另一户农家院里，见一群小鸟正在吃食。它想，肯定是主人在家里做好了准备要打我，不然的话，小鸡怎么那么悠闲呢？想到这里，它夹着尾巴溜了。

　　狐狸饿着肚子，来到森林里，正好碰上一只小兔子。它追呀追呀，眼看就要追上了。突然，从旁边的草丛里蹿出一只大兔子来，狐狸想，这只兔子又肥又大，还是先抓它吧！于是，狐狸转过来就去追大兔子。

大兔子见狐狸追来了，吓得撒腿就跑，边跑边回头看。狐狸想，它看什么呢？是不是故意让我追它？噢，对啦，可能前面挖好了陷阱正等着我呢，不能再追了，还是去捉那只小兔子保险。于是，它又转过头去追那只小兔子。可是，小兔子早就跑得无影无踪了。

就这样，狐狸疑神疑鬼的，一天也没吃到一点东西，饿得肚子"咕咕"叫。

狐疑不决：形容遇事犹豫不决。

[**例句**] 你处事要果断一点，不能这样狐疑不决的。

策　　划：娜　拉
责任编辑：史　伟　刘晓宇　庞雅心
装帧设计：黑　颖
插图绘制：孙文君
版式设计：孙文君　韩　保

图书在版编目（CIP）数据

童话成语：讲一个动物故事　学一个成语典故/张志荣 主编.
—北京：人民出版社，2017
ISBN 978－7－01－017986－5

Ⅰ.①童…　Ⅱ.①张…　Ⅲ.①汉语–成语–典故–儿童读物
Ⅳ.①H136.31－49

中国版本图书馆 CIP 数据核字（2017）第 183353 号

童话成语：讲一个动物故事　学一个成语典故
TONGHUA CHENGYU：JIANGYIGE DONGWU GUSHI XUEYIGE CHENGYU DIANGU

张志荣 主编

人 民 出 版 社 出版发行
（100706　北京市东城区隆福寺街 99 号）

北京盛通印刷股份有限公司印刷　新华书店经销

2018 年 1 月第 1 版　2018 年 1 月北京第 1 次印刷
开本：889 毫米×1194 毫米 1/16　印张：19
字数：160 千字

ISBN 978－7－01－017986－5　定价：89.00 元（上下册）

邮购地址 100706　北京市东城区隆福寺街 99 号
人民东方图书销售中心　电话（010）65250042　65289539